Mark Benecke, geboren 1970, ist eine gefragte Kapazität auf dem Gebiet der Kriminalbiologie und forensischen Entomologie (der Insektenkunde im Dienst der Gerichtsmedizin). Er ist Autor zahlreicher wissenschaftlicher wie populärer Schriften, Mitherausgeber der *Annals of Improbable Research* und wurde mit der Ehren-Kriminalmarke des Bundes Deutscher Kriminalbeamter ausgezeichnet. Mark Benecke lebt und arbeitet in Köln.

Erfahren Sie mehr über ihn unter: www.benecke.com

Weitere Titel des Autors:

Dem Täter auf der Spur
Mordspuren
Mordmethoden
Lachende Wissenschaft

Mark Benecke

Warum Tätowierte mehr Sex haben

und andere neue Erkenntnisse
vom Spaß-Nobelpreis

Mit Illustrationen von
Juliane Pieper

BASTEI LÜBBE TASCHENBUCH
Band 60647

1. Auflage: Dezember 2010

Vollständige Taschenbuchausgabe
der bei Lübbe-Hardcover unter dem Titel
WARUM MAN SPAGHETTI NICHT DURCH ZWEI TEILEN KANN
erschienenen Paperbackausgabe

Lübbe-Hardcover und Bastei Lübbe Taschenbuch
in der Bastei Lübbe GmbH & Co. KG

Copyright © 2009 by Bastei Lübbe GmbH & Co. KG, Köln
Textredaktion: Werner Wahls, Köln
Illustrationen: Juliane Pieper
Titelbild: © Stefano Tiraboschi/Shutterstock, shutterstock/zienzla,
shutterstock/Dragana Francuski Tolimir
Umschlaggestaltung: Gisela Kullowatz
Autorenfoto: © Andreas Biesenbach
Satz: Bosbach Kommunikation & Design GmbH, Köln
Gesetzt aus der Weiss
Druck und Verarbeitung: GGP Media GmbH, Pößneck
Printed in Germany
ISBN 978-3-404-60647-4

Sie finden uns im Internet unter
www. luebbe.de
Bitte beachten Sie auch: www.lesejury.de

Der Preis dieses Bandes versteht sich einschließlich
der gesetzlichen Mehrwertsteuer.

»We Can But Try.«
Sherlock Holmes: *The Adventure of The Creeping Man*

»Sie unterschätzen die Wissenschaft, von Krolock!«
Prof. Abronsius in *Tanz der Vampire*, Musical-Version

Logo der *Annals of Improbable Research* (AIR).
Besuchen Sie die Homepage dieser Zeitschrift unter
http://improbable.com

INHALT

Einleitung 11
Dank 13

Sex mit tätowierten Christen 15
Brechende Spaghetti 19
Gepiercte Soziologen 24
Der Scheherazade-Effekt 27
Mozarts Karpfen 38
Box: *Was Fischen so gefällt* 41
Schleimschwimmen 50
Klimakterisches Kokos und Knoblauchküsse 57
Propriozeptive Ranzenhabituation 62
Männer mit Milchschokolade 66
Box: *Rätsel und Wunder: Schokolade* 72
Gutes und Schlechtes an Alkohol 79
Alkohol liebende Ratten leben länger (Finnland) 79
Kneipenbrutalität bei Engländerinnen 83
Alkohol und Geschlechtskrankheiten (USA) 85
Box: *Der Jungfrauenschwur* 88
Anagramme im Liegen 93
Fehlende Vorhäute 99
Gierige Suppen 101
Meteoriten und Lottoglück 103
Spendierfreudige Mutanten 105
Emotionen im Ohr 109
Persönlichkeitsmerkmale von Hunden 111
Box: *Wuffis Freunde und Feinde* 114

128	Fotoblinzler
132	Box: *Interview mit Ig-Nobelpreisblinzlern*
136	Gaffende Laffen
138	Hunger gegen Model-Magersucht
143	Trinken macht schlau
148	Schöne Professoren lehren besser
152	Box: *Verständliche Wissenschaft*
158	Pinguinkot
162	Box: *Interview mit einem coolen Forscher*
168	The Sound of Crisps
171	Der Name steuert das Leben (und den Ball)
179	Gynäkologenkrawatten
183	Sind Gorillas im Raum?
188	Zitronenbier
192	Verliebt oder verrückt?
198	Tischtanzende Trinkgelder
204	Box: *Schoßtanzgefahren*
208	Hardcore-Einparken
214	Tot und toter
224	Springende Füchse im Krankenhaus
229	Juckmatrix gegen freien Willen
235	Teeküchlein, Toiletten und TV
240	Weiterführende Literatur (Auswahl)
241	Veröffentlichungen des Autors (Auswahl)
245	Glossar
249	Register

Für Marc Abrahams, Freund aller Nerds.

In Gedenken an Carl Barks und Erika Fuchs, die unter anderem über Wissenschaftler lachten.

EINLEITUNG

Es gibt kaum einen lustigeren Job, als Mitherausgeber der *Annals of Improbable Research* (AIR) zu sein. Diese Zeitschrift verleiht an der Harvard-Universität jährlich die Ig-Nobelpreise, und ich darf seit der ersten Ausgabe (1997) mitmischen. Dass ich für den Job nicht nur nicht bezahlt werde, sondern neben den Reisekosten auch noch mein eigenes Abo und das der Kölner Universitätsbibliothek bezahle, macht nix. Denn erstens habe ich mit jeder neuen Ausgabe Spaß, und zweitens lerne ich etwas über Forschungsobjekte, von denen ich nie etwas geahnt hatte. Gelee im Schwimmbad, Jungfrauenschwüre und fernsehende Schokoladenesser sind dafür Beispiele.

Weil wir »AIR-Heads« wissen, dass sich auch unsere eigene Arbeit sehr merkwürdig anhören kann, lachen wir niemanden aus. Selbst Pseudowissenschaften wie Wünschelrutengehen oder Homöopathie prangern wir kaum an, weil es doch viel lustiger ist, sich mit Beweisbarem zu beschäftigen. Natürlich schleichen sich auch in die »gute alte« Wissenschaft Denkfehler ein. Der Unterschied ist aber, dass sich alle Beteiligten auch über ablehnende Hinweise freuen. Denn das ist unser Grundsatz: Ein Experiment muss von anderen wiederholbar sein. Ist es das nicht, dann brauchen wir uns darüber auch nicht streiten – es handelt sich dann ja um Glauben. Und glauben kann jeder, was er will.

Wenn Sie an diesem Buch Spaß haben, dann werfen Sie doch auch einen Blick in das Vorige, das zum selben Thema erschienen ist: *Lachende Wissenschaft* (Bergisch Gladbach, 2005). Sie können auch gratis ins *Laborjournal* schauen (www.laborjournal.de), in dem seit acht Jahren eine schöne Serie über die Spaßnobelpreise (Ig-Nobelpreise) veröffentlicht wird, und auf *Radio Eins*, dem öffentlich-rechtlichen Sender Berlin-Brandenburgs, seit nunmehr zehn Jahren jeden Samstagmorgen eine kleine Show hören, die zeigt, warum man ruhig erst einmal lachen darf, bevor man nachdenkt. (Die kurzen Sendungen sind kostenlos – ohne Registrierung, ohne Werbung, ohne Newsletter oder ähnlichen Klimbim – über meine und die Website von Radio Eins zu hören.)

Nun aber viel Freude beim Schmökern.

Ach ja – sollte Ihnen demnächst in einer Bar ein Mensch mit Karohemd und dicker Brille begegnen, der ihnen zu Hause etwas Spannendes zeigen will: Lassen Sie es doch auf einen Versuch ankommen. Vielleicht steckt hinter dem versprochenen Spaghetti-Experiment nicht nur ein leckeres Essen, sondern eine wirklich verlockende Entdeckung.

Also: Nerdauf*!

Mark Benecke, März 2009

* = siehe Glossar (S. 245)

DANK

Großen Dank schulde ich dem EBM-Radio, ohne das jede Schreibklausur unweigerlich in Wahnsinn oder Suff (oder beidem) enden würde. Danke auch an Klaus Fehling für die jahrelangen Definitionsversuche des Begriffes »Nerd« sowie an meine Schwester Stephanie Benecke, die mir das zeitraubende Hin- und Herübersetzen auch meiner eigenen Texte sehr erleichtert hat.

Paul Hemetsberger, Frank Richter und Winfried Honig danke ich für ihr fantastisches dict.cc. Rebecca Hoyle, die Erfinderin der Einparkformel, hat ihre Berechnungen für dieses Buch mehrfach durchgesehen; ihre hier angegebenen Formeln sind nun garantiert wasserdicht und einparkfest.

Jacek Sowizral (Stuttgart) hat coolerweise die Karpfenkomposition von Paganini (S. 46) durchgesehen und sie erstens leserlich abgeschrieben und zweitens die in der wissenschaftlichen Originalveröffentlichung enthaltenen Noten-Fehler korrigiert. Mariá Carolina Vélez Naranjo rettete die Druckfahne von Medellín nach Bergisch Gladbach. Lisa Fuß half wie immer emsig bei der Erstellung von Grafiken, die ansonsten verpixelt, hässlich und vollkommen unbrauchbar gewesen wären. Saskia Reibe hat viele der Original-Veröffentlichungen aus allen möglichen und unmöglichen Bibliotheken zusammengesucht. Dankeschön!

Zuletzt: Wundern Sie sich nicht über die vielen Fotos mit mir; das ist kein Größenwahn, sondern ein Wettstreit der ignoblen Komiteemitglieder, die versuchen, jedes Forschungsergebnis bildlich – ahem – nachzuempfinden.

SEX MIT TÄTOWIERTEN CHRISTEN

Als den Kollegen Jerome »Jerry« Koch, Alden »Al« Roberts, Myrna Armstrong und Donna Owen vor wenigen Jahren zu Ohren kam, dass tätowierte Menschen mehr Sex hätten, ergriffen die vier Sozialforscher aus Texas die Gelegenheit und befragten – anstatt lange zu grübeln – n* = 480 ihrer Studenten.

Diese Umfrage erforderte Mut, denn Tätowierte sollten laut bisheriger wissenschaftlicher Befunde unerschrockene Wüstlinge sein: 1999 hatte sich gezeigt, dass Geinkte mehr saufen und Drogen zu sich nehmen als andere (*Clinical Nursing Research*); im Jahr 2000 bestätigte sich dann, dass sie öfters im Knast landen und mehr Sex haben (*Psychological Reports*), und 2002 wurde schließlich ermittelt, dass Tattoos zu ungeschütztem Geschlechtsverkehr mit Fremden (sic!) führen (*College Student Journal*).

Zunächst schmunzelte ich angesichts der schönen Vermengung von Ursache, Wirkung und Befragungsmodus. Denn was kommt eigentlich zuerst? Das Tattoo oder das wüste Leben und mit ihm erst die Unterhautfarbe? Und was, wenn beides – Party und Tattoo – mehr oder weniger gleichzeitig stattfindet? Und vor allem: Warum sind so viele Menschen mit besser versteckten Leidenschaften, beispielsweise Bordellbesucher, nicht tätowiert?

Für meine Kollegen wurde es noch komplizierter. Sie stießen bei ihren Umfragevorbereitungen nämlich auf eine »Literaturauswertung« aus dem Jahr 2004, in der stand, dass

– Tätowiertsein Mainstream und
– Sex unter Studienanfängern häufig ist.

1. Sommerkurs: Besprechung des Storchproblems* im kleinen Kreis.

Zudem zeigte sich 2005, dass Jugendliche, die gerade umgezogen waren, ebenfalls früher Sex hatten als ihre durch die Eltern gezwungenermaßen ortstreuen Altersgenossen. Doch was hat das mit Tätowierungen zu tun?

Daher war ein vertiefter Blick auf unentdeckte Querbezüge angezeigt, um die Verhaltensauffälligkeiten der verwilderten jungen Studenten schärfer herauszupräparieren. Ergebnis: 96 Prozent der tätowierten Jungs und 95 Prozent der Mädels waren »derzeit sexuell aktiv«, während dies für nur 72 Prozent (Jungs) bzw. 68 Prozent (Mädels) der Untätowierten galt.

Zudem hatten die tätowierten Studierenden bis zu 18 Monate früher erstmals Sex gehabt als Lernende ohne Tinte in der Haut.

Trotz dieser signifikanten Datenlage blieben die Ergebnisse empörend. »Über zwei Drittel der Befragten«, schrieben die Forscher, »gaben an, dass sie täglich beten und jede Woche in die

Kirche gehen. Wir waren daher recht erstaunt, dass dennoch so viele von ihnen Sex hatten.

Besonders würde uns interessieren, ob sich Menschen tätowieren lassen, um Sexpartner auf sich aufmerksam zu machen.

Möglicherweise geht es bei Sex und Tattoos auch um die Aufregung dabei – manche Menschen fahren ja auch gerne mit schnellen Achterbahnen oder springen sogar an heißen Tagen in kaltes Wasser. Hier bedarf es noch weiterer Forschungen.«

• IG-GESAMTNOTE: Ig-Nobelpreis für Zuckrigkeit! Bis ich diesen aber im Ig-Ausschuss durchgesetzt habe, wünsche ich den Kollegen und Kolleginnen erst einmal viel Spaß im Schwimmbad und im Ferienpark. Meine tätowierten Studenten, eine tätowierte Professorin und ich winken fröhlich hinterher.

J. R. Koch, A. E. Roberts, M. L. Armstrong, D. C. Owen (2005) »College students, tattoos, and sexual activity«. In: *Psychological Reports*, Nr. 97, S. 887–890.

BRECHENDE SPAGHETTI

Marmor, Stein und Eisen, aber natürlich auch Spaghetti brechen. Bloß haben sie eine merkwürdige Eigenart: Es entstehen fast nie zwei Teile, sondern je nach Nudeldicke eher drei bis sechs. Beim Italiener um die Ecke ist diese Erscheinung bekannt: »Du musst Dich erste einmal für eine bestimmt Art von Nudele entscheide«, empfahlen mir Roberto und Rita. Und in der Tat, ihre Spaghetti #5 und #7 sowie Capellini #1 erbrachten stets verschiedene Bruchmittelwerte. Immerhin entstanden in 89 Prozent der Versuche auch in der Küche des Ristorante Italia mehr als zwei Fragmente.

Anstatt es – wie ich – bei der reinen Zerknackung zu belassen, packten die beiden französischen Kollegen Basile Audoly und Sébastien Neukirch das Nudelproblem an der Wurzel. Am Pariser Centre National de la Recherche Scientifique vereinfachten sie das Verfahren zunächst so, dass der Einfluss des Experimentators beim Spaghettibiegen keine Rolle mehr spielte.

Dazu spannten sie fünfundzwanzig voneinander getrennte, trockene Spaghetti an einem Ende in eine Klemme, bogen das freie Ende bis zu einem festgelegten Punkt hoch und ließen es dann losflitschen (siehe Abb. 2). »Erstaunlicherweise«, so die beiden Forscher, »entspannten sich die Nudeln nicht einfach und wurden dadurch wieder gerade, sondern brachen an irgendeiner Stelle durch.«

Mit einer Hochgeschwindigkeitskamera nahmen sie nun auf, was dieses seltsame Nudelverhalten bedingte. Es zeigte sich, dass in der Nudel starke Wellen entstehen. Diese Wellen schütteln das Nüdelchen so sehr durch, dass es an mehreren Stellen bricht.

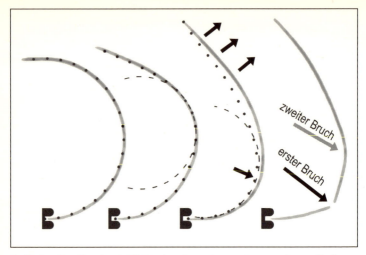

2. So brechen Spaghetti: Nicht einmal, sondern meist an mehreren Stellen. Der erste Bruch liegt an der beim Loslassen am stärksten gekrümmten Stelle. Fuß & Benecke nach Audoly & Neukirch (2005)

Im Alltag wird die Nudel aber nicht eingespannt und losgelassen, sondern zwischen beide Hände gespannt. Dabei liegt je ein Spaghetti-Ende in je einer Hand. Biegt man diese zwischen die Hände gelegte Nudel nun durch, dann vervielfacht sich der Laboreffekt. Denn nun schwingen *beide* durch die Finger festgehaltenen Enden der Nudel von der Bruchstelle her.

Daher erzeugt man von Hand statt einer noch mehr Bruchstellen: Die Nudelstücke in den Fingern schwingen – allerdings so schnell, dass unser Auge es nicht mehr sehen kann – weiter. Die Wellen in den Nudelstücken schaukeln sich auf und bewirken das weitere Zerschütteln.

»Wir empfanden es als irgendwie unlogisch«, bekennen Audoly und Neukirch, »dass eine elastische, wenngleich spröde Stange sofort durchbricht, nur weil man sie ein bisschen biegt und dann loslässt. Darum versuchten wir mit dem Computer eine Nachstellung des Geschehens.« Das gelang auch – und zwar mithilfe der Kirchhoffgleichungen. Diese beschreiben, wie

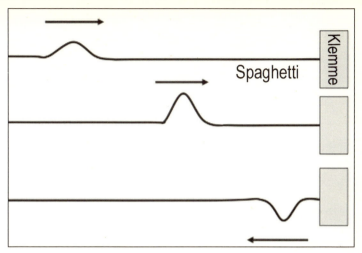

3. Die Welle wandert vom losen Ende der Nudel zur Klemme und wird von dort zurückgeworfen. Abb. Benecke.

sich gedämpfte Schwingungen in langen Rohren verhalten und aufschaukeln.

»Die Spaghetti brechen folgendermaßen«, erklären die Forscher: »Wenn man ein Ende loslässt, dann biegen sich die festgehaltenen Nudelenden zuerst wieder in ihre gerade Ursprungsform zurück. Dieses Zurückschwingen löst aber eine Welle aus, die vom losen blitzschnell zum festgeklemmten Nudelende wandert. Von dort wird sie zurückgeschickt (siehe Abb. 3). Da so innerhalb kurzer Zeit Wellen von beiden Seiten der Nudel hin- und herlaufen, entstehen große Schwingungsweiten (Wellenberge) mitten auf der Nudel. Dort entsteht dann jeweils eine neue Bruchstelle.«

So kommt es, dass neben dem ersten, »echten« Bruch, den man wirklich selbst gesetzt hat, durch Eigenschwingungen in den Nudelstücken noch weitere Knackpunkte entstehen; meist sind es drei bis zehn Nudelfragmente.

Das Ganze ist übrigens nicht nur auf Nudeln anwendbar,

4. Die Tacoma-Narrows-Brücke zerbricht im November 1940. Die Wellen breiteten sich ähnlich aus wie in einer trockenen Spaghetti.

sondern auch auf alle nudelförmigen Gebäude (zum Beispiel schlanke Hochhäuser oder Fernsehtürme, die durch Erdbeben oder Wind seitlich ausgelenkt werden). Für sie gelten dieselben Gesetze wie für die harmlose Nudel, wenn die Bauingenieure nicht durch Materialtricks vorbeugen.

Was passiert, wenn man nicht aufpasst, war bei der sogenannten »Resonanz-Katastrophe« der Tacoma-Narrows-Brücke im US-Bundesstaat Washington zu sehen. Nur vier Monate nach ihrer Fertigstellung entstanden durch Wind dieselben Wellen wie in der Nudel. Die Schwingungen wanderten eine Stunde lang hin und her, bis es am 7. November 1940, gegen elf Uhr vormittags, zum Bruch kam. Während der Schwingungen, die anders als bei den dünnen Nudeln auch noch eine Verdrehung der Straße bewirkten, ging ein Bauingenieur sogar noch auf die Brücke, um nach dem Rechten zu sehen (siehe Abb. 4, Pfeil). Er versuchte, dem Ausschlag der Wellen auszuweichen, indem er genau auf der Mittellinie entlangging, die zumindest in Bezug auf die Verdrehung der Fahrbahn am wenigsten schwang.

Verletzt wurde damals außer einem Hund, der sich nicht getraut hatte, mit seinem Herrchen das auf der Brücke zurückgelassene Auto zu verlassen, niemand –der Hund stürzte mit dem Auto ins Wasser und starb.

»Uns hat die Arbeit mit den Spaghetti viel Spaß gemacht«, fassen die beiden französischen Physiker zusammen. »Denn wenn man erst einmal verstanden hat, wie Spaghetti brechen, dann weiß man auch, wie alles andere zerbricht – seien es nun Hochhäuser, Flugzeuge oder Autos.«

• IG-GESAMTNOTE: Spielt in derselben Liga wie die Klärung der Frage, warum eisige Duschvorhänge sich an die Waden friedlich Duschender kletten (siehe *Lachende Wissenschaft*, S. 22). Während die Duschvorhang-Forschung zu Unrecht keinen Preis ergatterte, schafften es dafür die »Nudelen«: Verdienter Ig-Nobelpreis für Physik im Jahr 2006.

B. Audoly, S. Neukirch (2005), »Fragmentation of rods by cascading cracks: why spaghetti do not break in half«. In: *Physical Review Letters*, Nr. 9.

B. Audoly, S. Neukirch (2005), »Breaking Spaghetti: Short Story«.
In: *Laboratoire de Modélisation en Mécanique*, o.B., o.S.

GEPIERCTE SOZIOLOGEN

Die tätowierten Christen (siehe S. 15) nagen bis heute an den texanischen Kollegen. 2007 ermittelten sie daher, dass Baptisten in den südlichen USA sehr oft *religiöse* Tätowierungen tragen. Sie empfehlen seitdem, den Ball betreffs jugendlicher Farbeinbringungswünsche doch flacher zu halten und öfter mal einfach »Ja« zum Hautbild zu sagen.

Die kleine Forschergruppe ist mittlerweile das wohl einzige universitäre »Body Art Team« der Welt. Als solches nahm es sich zuletzt der Frage an, ob es nicht nur bei tätowierten, sondern auch bei *gepiercten* Studenten Interessantes über deren Sexualverhalten zu erfahren gäbe; genauer gesagt: über vorehelichen Geschlechtsverkehr.

»Uns schien dieses Thema interessant, weil uns aufgefallen war, dass 63 Prozent der Gepiercten sich im Monat vor der Befragung tierisch die Kante gegeben hatten (*binge drinking* / Kampfsaufen), während das nur bei 36 Prozent der Ungepiercten der Fall war.« Auch hier kratzt man sich am Kopf und fragt sich erstens, ab wann ein Piercing wohl ein »Piercing« ist (Ohrringe?), und zweitens, warum weit über ein Drittel selbst der vanilligen texanischen Studienanfänger sich dem Trunk hingibt.

Eigentümlich auch die Anzahl der Sexualpartner: Ein Viertel der gepiercten Studenten war im Schnitt schon mit über sechs verschiedenen Menschen im Bett, während das bei Ungepiercten für nur ein Sechstel der Befragten galt. Wenn man weiß, dass US-amerikanische Nochnichtgraduierte meist jünger als zwanzig Jahre sind, muss man sich auch hier eher über die Lebenslust der jungen Leute wundern, statt nach möglichen Piercings zu spähen.

»Auch wenn es unter den Studierenden vielleicht üblich ist, mehrere Geschlechtspartner zu haben«, erklären die Forscher, »so ist es doch eine gefährliche Sache. Damit meinen wir vor allem, dass das Ganze vor der Ehe stattfindet – seelische Schäden sind dabei nicht auszuschließen!«

Umso erschreckender dann die Umfrageergebnisse. Ein Drittel der Studierenden war tatsächlich gepierct – es handelte sich dabei aber mit 78 Prozent vorwiegend um Frauen! Kein Sodom ohne Gomorrha: Die gepiercten Frauen hatten haargenau 20 Prozent mehr Sex als die ungepiercten (83,3 % vs. 63,3 %). Bei den Männern gab es verblüffenderweise keine Unterschiede zwischen Studenten mit oder ohne Metall oder Plastik in Hautlöchern.

»Das bedeutet dann wohl«, erklären sich die Autoren die seltsamen Ergebnisse zurecht, »dass Piercings stärker auf das Rollenverständnis von Menschen einwirken als Tattoos. Denn bei Tätowierten gibt es keine Unterschiede zwischen Männern, Frauen und deren Sexhäufigkeit, bei Gepiercten aber schon.«

Die vermeintlichen Unterschiede könnten natürlich auch einen ganz anderen Grund haben. Die befragten Studierenden hatten vielleicht einfach keine Lust, schon wieder Informationen zu ihrem Körperschmuck und Sexualverhalten abzugeben. Denn über ihre Handschrift konnten die Bögen dem jeweiligen Studierenden zugeordnet werden ... und wer will in seinem Kurs schon als freakiger Sex-Maniac dastehen?

• IG-GESAMTNOTE: Da Ursache, Wirkung und Auskunftsbereitschaft in dieser Studie nie geklärt werden konnten: Sonderpreis für konsequente Nichtbeachtung des Storchproblems*. Persönlich wüsste ich gerne noch mehr über die seelischen Gefahren von vorehelichen Sexualkontakten. Die Grundannahme, dass diese schädlich sind, scheint zumindest nicht fraglich gewesen zu sein – keine schlechte Leistung im Jahr 2007 ...

J. R. Koch, A. E. Roberts, M. L. Armstrong, D. C. Owen (2007), »Frequencies and relations of body piercing and sexual activity in college students«. *Psychological Reports*, Nr. 101, S. 159–162.

DER SCHEHERAZADE-EFFEKT

»Ich weiß nicht, wie du heißt,
doch ich weiß, dass es dich gibt.
Ich weiß, dass irgendwann
irgendwer mich liebt.
Ich warte hier!
Stirb nicht vor mir.«

Rammstein

Männer können das Alter einer erwachsenen Frau nur selten richtig einschätzen. Das liegt weniger an eigentlich leicht durchschaubaren kosmetischen Tricks, sondern daran, dass die meisten heterosexuellen Männer sich nicht im Geringsten für kleine körperliche Details wie die Veränderung von Mimikfalten oder Orangenhaut interessieren. Die Bandbreite der Bewertung dieser Alterungsmerkmale reicht bei Männern, außer in Extremfällen, oft nur von »ist mir nie aufgefallen« über »kann schon sein« bis »ist mir egal«.

Frauen sehen das anders. Viele geben große Geldbeträge für winzige Tiegelchen aus, die versprechen, die Erbsubstanz zu reparieren, Falten verschwinden zu lassen oder Fettdellen in der Haut zu beseitigen. Dass in Wahrheit jede Methode, die Haut aufzuquellen, natürlich auch die Faltentiefe verringert, und dass eine Creme, egal mit welchem Zusatzstoff, nicht gezielt Stellen der DNA verändern kann, ist dabei jeder Kundin klar. Der Wunsch nach Altersbremsung ist aber stärker als jede Vernunft.

Auch anderswo treibt dieser Unsinn Blüten. Die Sängerin Cher ist in manchen Zeitungen beispielsweise erst »vierunddreißig« Jahre alt, was offenbar das grundsätzliche Höchstalter von Künstlerinnen ist. Die Angabe wird nur auf »fünfunddreißig« hochgeschraubt, wenn die Zeichen der Zeit überhaupt nicht mehr zu verleugnen sind.

So kommt es zu herbem Selbstbetrug. Eine Freundin teilte mir beispielsweise mit, dass sie in Singlebörsen grundsätzlich ihr Alter um vier bis fünf Jahre nach unten korrigiere, »weil ich ja schließlich viel jünger aussehe«. Dass allerdings das Alter eines Menschen kein relativer, sondern auch durch Schminken und Auf-den-Boden-Stampfen nicht änderbarer Wert ist – die Zeitzählung läuft für alle Menschen gleich ab –, sieht sie nicht ein.

Woher also kommt der nicht zu bändigende Wunsch von Frauen, ihr Alter zu verschleiern, selbst, wenn es offensichtlich völlig albern ist?

Diese Frage fraß an Bogusław Pawłowski (Universität Wrocław) und Robin Dunbar (Universität Liverpool), die sich schon länger damit beschäftigen, wie und warum sich Lebenspartner finden. Die beiden Verhaltensforscher haben dabei eine recht krämerische Art entwickelt, das heißt, sie lassen ihre Gefühle (und die anderer) außen vor und versuchen stattdessen das zu messen, was auch sauber messbar ist.

»Jede Paarbindung«, so die beiden Verhaltensforscher, »beginnt damit, dass zwei Fremde sich Eröffnungsangebote machen. Beide Handelnde haben bestimmte Vorlieben, werden diese aber nicht unbedingt im Angebot vorfinden.

Wir nennen dieses Gebilde ›mate market‹ (Partnermarkt); das ist der Markt, auf dem man sich genetisch und sozial passende Gefährten sucht. Weil in der Regel nicht alle bevorzugten Merkmale auf diesem Markt zu haben sind – und erst recht nicht alle in einem möglichen Partner vereinigt –, wird man sich auf einen Gefährten einlassen müssen, der so gesehen nicht perfekt ist.

5. Scheherazade, ihre Schwester Dinarzade und der Sultan. Die Damen tricksten ihren Herrscher liebevoll aus.

Um den Partnermarkt besser zu verstehen, haben wir uns für die Auswertung von Kontaktanzeigen entschieden, allerdings nur solcher, die auf langfristige Bindungen ausgerichtet waren. Diese Anzeigen sind aus unserer Sicht nichts anderes als ein Eröffnungsangebot ohne Kenntnis des Gegenübers.

Wegen der Unsicherheit des Bieters über seine mögliche Beute, aber auch wegen der Kosten pro Zeile, kommen die Anzeigentexte sehr schnell zum Punkt. Sowohl die Eigenschaften, die geboten werden, als auch das, was im Gegenzug gefordert wird, ist daher meist hinreichend knackig beschrieben.«

Da es sich aus der Sicht der Verhaltensforscher also um eine Art Wettbewerb handelt, in dem man vor allem ein gutes Gegenangebot einholen möchte, kann es sich lohnen, ein wenig zu pfuschen. Es geht dabei zu wie auf einem Basar: Ein Verkäufer möchte und muss seine blöde Holzkiste zwar loswerden, zugleich aber einen guten Preis erzielen. Er darf den Kunden deswegen erstens nicht abschrecken (saubere, freundliche Verkaufsbude), wird ihn zweitens davon überzeugen, dass kleine Bearbeitungsfehler das Gesamtbild nur »beleben« und hat drittens einen Mindestpreis zu erringen, der für ihn gerade noch wirtschaftlich ist.

Pawłowski und Dunbar wühlten sich neun Monate lang durch die Kontaktanzeigenspalten der britischen Zeitung *Observer* und suchten zunächst einmal alle Anfragen heraus, die heterosexuelle Langzeitbeziehungen wünschten. Die Schreiber mussten darüber hinaus jünger als sechzig Jahre sein. »Der Grund für diese Altersbeschränkung war, dass im *Observer* nur wenige ältere Menschen Kontaktanzeigen aufgeben«, erklären die Kollegen. »Deswegen wäre die Stichprobe* der Älteren zu klein geworden. Noch wichtiger war aber, dass wir ja etwas über den ›Markt der Fortpflanzungswilligen‹ herausfinden wollten. Über Sechzigjährige pflanzen sich aber seltener fort als jüngere, sodass wir die Älteren erst einmal aus unserer Untersuchung herausnahmen.

Zwar können viele Frauen auch schon ab einem Alter von Fünfzig keine Kinder mehr bekommen. Da sie aber, falls sie schon Kinder, aber derzeit keinen Partner haben, noch stark mit der Erziehung beschäftigt sind, war diese Gruppe wegen ihrer Partnerplanungen für uns interessant und blieb daher im Untersuchungsgut.«

So ergab sich eine Auswahl von 1450 Anzeigen, die jeweils etwa zur Hälfte von Männern und Frauen aufgegeben worden waren. Bei näherem Hinsehen fielen dann noch einmal 400 Texte heraus, die entweder zu lustig oder zu poetisch verfasst waren, sodass die Forscher nicht erkennen konnten, was genau die Schreiber eigentlich wollten und suchten.

Nun wurden die Angaben der verbliebenen gut 1000 Anzeigen in fünf Gruppen aufgeteilt, die auf dem Hochzeitsmarkt die wichtigste Rolle spielen, und zwar:
— Aussehen,
— Geld, Status und Beruf,
— Treue und Ernst des Beziehungswunsches,
— religiöse und politische Einstellungen, Hobbys sowie
— Unterhaltungswert.

Die fünfte Eigenschaft, oft auch mit »Humor« umschrieben, ist Frauen sehr wichtig, wird von Männern aber in der Regel ausgeblendet. Trotzdem ist sie beziehungsentscheidend: »Nur, wenn ein Mensch lebendig, intelligent, kreativ, witzig, geistreich und entspannt ist«, so die Forscher, »dann überlebt das Paar auch schwere Zeiten. Unser Kollege Geoffrey Miller nennt das treffend den ›Scheherazade*-Effekt‹. Im Ernstfall hilft nur Gelassenheit, Zuwendung und Humor, sonst zerbricht die Partnerschaft, wenn sie unter Druck gerät.«

ANSPRUCH UND WIRKLICHKEIT

Im nächsten Untersuchungsschritt knackten die Kollegen nun das Rätsel, warum Frauen ihr Alter gern verheimlichen. Sie untersuchten, welche und wie viele Ansprüche die Werbenden an den Wunschpartner hatten und was sie im Vergleich dazu selbst zu bieten hatten.

Dabei stellte sich heraus, dass Frauen seltener als Männer ihr Alter angaben (81 vs. 86 Prozent). Interessanter war aber, dass diejenigen Frauen, die keine Altersangabe machten, erstens mit großem Abstand am meisten von ihrem zukünftigen Partner erwarteten, zweitens aber am wenigsten über sich selbst preisgaben.

»Die hohen Erwartungen dieser angeblich alterslosen Frauen«, so die Forscher, »wurzeln nun aber nicht etwa darin, dass diese Gruppe am meisten zu bieten hat und deshalb auch am meisten fordert. Wir haben das mit einem weiteren Verfahren noch einmal durchgerechnet und ermittelt, dass die anscheinend Alterslosen, wenn überhaupt, eher weniger zu bieten haben als alle anderen.«

Gilt das nur für Frauen?

»In der Tat«, staunen die Forscher. »Bei Männern ist es tatsächlich umgekehrt. Unterschlägt ein Herr sein Alter, dann hat er zugleich auch die geringsten Ansprüche an sein weibliches Gegenüber.«

Da man das genaue Alter der scheinbar alterslosen Frauen nicht kannte (eben weil sie es nicht angegeben hatten), benutzten die Forscher nun einen Trick, um es doch noch zu ermitteln. Die anspruchsvollen Frauen hatten nämlich das Alter ihres Wunschpartners indirekt kundgetan: Es lag bei durchschnittlich 43 Jahren. Davon zogen die Kollegen dreieinhalb Jahre ab, weil das der mittlere Wert ist, den sich die übrigen untersuchten Frauen von ihrem Romeo als Altersvorsprung wünschten. So ergab sich doch noch, welche Altersgruppe am meisten von ihrem Partner erwartet, aber zumindest im Anzeigentext am wenigsten zu bieten hat: »Es handelt sich dabei«, so die Verhaltensforscher, »um Frauen in ihren späten Dreißigern oder frühen Vierzigern. Dazu passt, dass genau in diesem Alter auch grundsätzlich die Angewohnheit zunimmt, das Alter nicht mehr zu nennen: Im Vergleich zu jüngeren Frauen verschweigen es die Enddreißigerinnen dreimal so häufig.

Eine weitere Vertuschungstechnik ist die Verwendung einer Altersspanne (›in den Vierzigern, Fünfzigern‹) anstelle einer genauen Altersangabe. Die verschwommenen Angaben verwenden Frauen unter Dreißig nie, während 14 Prozent der über Vierzigjährigen und ein Fünftel der Frauen über Fünfzig sich für dieses Blendmittel entscheiden.«

NEHMEN IST SELIGER DENN GEBEN

Eine Art der Angebotsverzerrung von Frauen, die ihr Alter in der Anzeige nicht genannt hatten, bestand, wie schon angedeutet, darin, dass sie vom Partner viel fordern, aber wenig über sich berichten. Diese Taktik ist auf den ersten Blick unsinnig, denn wie soll ein Traumtyp sich für eine Frau interessieren, die nichts über sich preisgegeben hat? Das Ganze muss also einen anderen, trickreicheren Grund haben.

»Solche Frauen versuchen, sich gleichsam wie Zwanzigjährige zu benehmen und damit ihr echtes Alter zu kaschieren«, meinen Pawłowski und Dunbar. »Die jungen Bewerberinnen haben nämlich – abgesehen von ihrer Jugend – nur wenig zu bieten. Sie können deswegen auch nur karge Angaben über sich machen, weil ihre Persönlichkeit noch von weniger Erlebnissen geprägt ist.

Das macht aber nichts, denn die jungen Frauen können trotz ihrer dünnen Charaktere von männlichen Bewerbern fordern, was sie wollen, weil die meisten Herren sich von Jugendlichkeit bestechen lassen. Diesen Trick der dürren Selbstbeschreibung übernehmen ältere Frauen nun, um ihre hohen Forderungen an die Männer gleichsam um mehrere Ecken zu rechtfertigen.«

»Das alles«, so die Forscher, »zeigt deutlich, dass Alter wirklich das entscheidende Merkmal bei der Partnersuche ist. Grund dafür ist natürlich, dass eine Familiengründung mit eigenen Kindern nur so lange möglich ist, wie die körperlichen Voraussetzungen dafür noch gegeben sind.

So erklärt sich auch, warum die meisten Frauen gegen Ende ihres fruchtbaren Lebensabschnitts klar festlegen, wie alt ihr Partner sein soll. Es handelt sich dabei, wie gesagt, um im Schnitt 43-jährige Männer, die also nicht mehr wirklich jung sind. Das leuchtet biosozial ein: Junge Männer können in der kurzen Zeit, in der eine ältere Frau noch Kinder bekommen kann, nicht mehr genügend Geld zur Versorgung erwirtschaften. Außerdem

34

besteht die Gefahr, dass ein jüngerer Mann den Reizen junger Frauen erliegt und sich wieder aus der Beziehung mit der älteren Frau verabschiedet.

Deutlich älter als Mitte Vierzig darf der künftige Partner aber auch nicht sein. Dann nämlich besteht die Gefahr, dass er erkrankt und verstirbt, bevor er mit Geld und Zeit hinreichend in seine Vaterschaft eingezahlt, also das Großziehen der Kinder unterstützt hat.

Die Einzigen, denen das alles egal sein kann, sind jüngere Frauen. Sie können wahlweise neu heiraten, wenn ihnen der Partner durch Tod entschwindet oder sich einen jüngeren, wenngleich ärmeren Gatten leisten, weil der noch genügend Zeit hat, ausreichend Geld für die Versorgung von Heim und Hof zu verdienen.«

DIE FREMDE WELT DER WIRKLICHKEIT

»Trotz unserer Untersuchungen wissen wir ehrlich gesagt immer noch nicht *ganz* genau, warum die älteren Frauen so viele Nebelgranaten werfen«, räumen die Kollegen ein. »Am naheliegendsten ist, dass sie das tun, um die Erzeugung eigenen Nachwuchses in letzter Sekunde noch zu ermöglichen. Es könnte aber auch sein, dass die Versorgung bereits vorhandener Kinder oder auch nur die eigene Altersabsicherung – und sei es nur durch Kostenteilung mit einem Partner – eine Rolle spielt. Mit unserem Versuch konnten wir diese drei Möglichkeiten nicht auseinanderhalten. Sicher ist nur, dass die Ursache des Jüngermachens darin besteht, dass die meisten Männer jüngere Frauen anziehender finden und daher eine entsprechende Zeitungsannonce stärker beachten.

Obwohl auch das Aussehen einer Bewerberin eine Rolle spielt und obwohl es sehr leicht möglich ist, sich auf einem Foto jünger erscheinen zu lassen, konnten wir doch zeigen, dass mehr als alles andere das in Jahren gezählte Alter ausschlaggebend für die Partnerwahl ist.

Natürlich könnte in den von uns untersuchten Annoncen das Alter auch deshalb so überaus wichtig erscheinen«, räumen die Kollegen ein, »weil dort keine Fotos abgedruckt waren. Die Leser wussten also nicht, wie die Beworbenen aussehen.« Da sie aber der schriftlichen Beschreibung nicht unbedingt trauen, fängt eben das Tricksen an.

»Es gibt da übrigens noch etwas, das wir nicht wissen«, schließen die Forscher. »Welche Frau letztlich den größten Erfolg mit ihren Kontaktanzeigen hatte, konnten wir naturgemäß nicht messen. Denn wie die Paarfindungswirklichkeit am Ende aussieht – das liegt jenseits unseres Horizontes.«

• IG-GESAMTNOTE: Jessas und puh! Wem die marktmäßige Untersuchung der Paarfindung und -bindung zu menschenunfreundlich erscheint, kann sich immer noch in die Welt der rammsteinschen oder romantischen Liebe oder auf Internetbörsen mit Foto statt Text flüchten.

Senioruntersucher Robin Dunbar hat derweil viel Ehre erfahren, weil er die nach ihm benannte »Dunbar-Zahl« entdeckt hat. Sie besagt, dass Menschen ungefähr 150 aktive oder aktivierbare Sozialkontakte im Gehirn verwalten können. Der Rahmen reicht dabei von dicken Kumpels bis zu alten Schulkameraden, die man im Falle eines Wiedersehens immer noch gerne auf ein Bier einladen würde.

Der zweite Forscher im Team, young Bogusław Pawłowski von der Universität Wrocław, ist meiner Meinung nach daher der heißere Kandidat für einen Ig-Nobelpreis. Vielleicht helfen ihm dabei auch seine neueren Studien, in denen er herausgefunden hat, »warum Babys so groß und fett sind«, und wie lang ein Bein sein darf, damit es für die männlichen und weiblichen Betrachter anziehend und nicht bohnenstangig ausschaut.

Bis es so weit ist, achten Sie einfach auf alterslose Frauen und couchkartoffelig-humorlose Männer, denen alles egal ist. Beides ist gleich verdächtig und sollte Ihnen hinreichend Anlass geben, anstatt Kontaktanzeigen zu studieren, einfach mal vor die Tür zu gehen.

G. F. Miller (1998), »How mate choice shaped human nature: A review of sexual selection and human evolution«. In: C. Crawford, D. Krebs (Hrsg.): Handbook of evolutionary psychology: Ideas, issues, and applications, New York, S. 87–129.

B. Pawłowski, R. I. M. Dunbar (1999), »Withholding age as putative deception in mate search tactics«. In: *Evolution and Human Behavior*, Nr. 20, S. 53–69.

MOZARTS KARPFEN

Musik und Rhythmus finden ihren Weg zu den geheimen Plätzen der Seele«: Das meint nicht nur der griechische Philosoph Platon, sondern es motivierte im Jahr 2007 auch acht Kollegen zweier Athener Universitäten, Mozarts »Kleine Nachtmusik« (D-Dur, KV 525) heranwachsenden Karpfen vorzuspielen. Die Tiere mit einem anfänglichen Durchschnittsgewicht von 130,9 $\pm$ 0,67 Gramm wurden dazu entweder in ewiger Dunkelheit oder bei abwechselnd je zwölf Stunden Neonlicht und Nacht gehalten. Mozarts Romanze – rätselhafterweise ausgerechnet in der Version des Holland Symphonic Orchestra aus Michigan – wurde sodann auf *repeat* gestellt und via zylindrischer Unterwasser-Schallwandler täglich mehrere Stunden auf die Cyprini* losgelassen. Mittels eines Hydrophons wurden zudem unter anderem das Grundrauschen im Wasserbecken gemessen sowie die Mozartschen Klänge so eingestellt, dass sie die Karpfen auch tatsächlich erreichten. Nur samstags kam es zur Unterbrechung dieses schönen Einerleis, wenn die Tiere weder gefüttert noch beschallt wurden.

Am Ende der Versuchszeit von acht bis zwölf Wochen hatten die Tiere im Schnitt 60 Gramm zugelegt und erhielten einen festen Schlag auf den Schädel. Dann wurden sie geköpft, das Gehirn entnommen und bei minus 80 Grad auf Veränderungen der Nervenbotenstoffe untersucht.

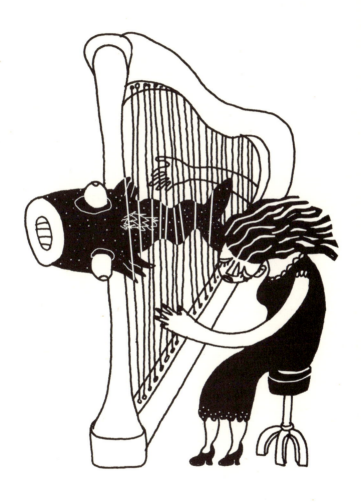

Ergebnis: Im Stockdunklen sollte man dem gemeinen Karpfen durchaus Mozart vorspielen, weil das die Menge der Stress-substanzen in seinem Blut senken kann.

Halbstundenweise voll beschallte Fische hatten zudem mehr Eicosansäure in der Leber; einstündig beschallte Tiere mehr Lino-lensäuren und weniger Hexadecansäure im restlichen Körper.

In der Gesamtschau räumen die Forscher allerdings ein, dass Mozart die Fische stressen oder entspannen kann, je nachdem. Genaueres wollen sie noch ertüfteln, denn: »Die Wirkung von Musik auf Fische ist ein völlig neues Wissensgebiet.«

• IG-GESAMTNOTE: Hut ab – nicht nur für das schöne »je nachdem«, sondern auch für die Erschaffung des coolen neuen Forschungsbereiches, der künftigen Biologen Brot und – äh – Musik bringen könnte. Mehr zu Mozart und seinen verbalen Miau-Attacken gegen Menschen übrigens in *Lachende Wissenschaft*, S. 54, – Remmtemmtemm!

S. E. Papoutsogloua, N. Karakatsoulia , E. Louizosb, S. Chadioc, D. Kalogi-annisc, C. Dallad, A. Polissidisd, Z. Papadopoulou-Daifotid (2007), »Effect of Mozart's music (Romanze-Andante of ›Eine Kleine Nacht Musik‹, sol major, K525) stimulus on common carp (Cyprinus carpio L.) physiology un-der different light conditions«. In: *Aquacultural Engineering*, Nr. 36, S. 61–72.

WAS FISCHEN SO GEFÄLLT

Um nicht in die alptraumhafteste aller forscherischen und gutachterlichen Fallen zu tappen, prüfen wir gerne unsere Grundannahmen, bevor wir unsere Beobachtungen werten und deuten. Zumindest hoffen wir das von uns selbst.

Spielt man nun Fischen Musik vor, so könnte es viele Gründe geben, warum sie sich komisch verhalten: Sie werden in andere Becken gesetzt, dort ist anderes Wasser, dort laufen mehr Menschen herum und das erzeugt mehr Stress. Da man aber gleichzeitig Musik auflegt, führt man das veränderte Verhalten auf die Töne zurück, nicht auf das Wasser oder das Gerenne ...

Eine gute Frage, die mir ein Hörer der Sendung »Die Profis« auf Radio Eins betreffs der Karpfen stellte, war, ob Fische denn überhaupt hören könnten. Da ich mich als Spurenkundler kaum mit lebenden Tieren, und wenn, dann bestimmt nicht mit Wirbeltieren, befasse, fragte ich einfach die Versuchsleiter aus Athen:

»Dass Tiere Schall wahrnehmen und davon beeinflusst werden können«, sagten sie, »wird schon daraus ersichtlich, dass Kühe sich bei schönen Klängen lieber von der Maschine melken lassen, Käfighühner weniger schüchtern sind und Schweine sich unter Musikeinfluss mehr fürchten als vorher.

Ob Fische tatsächlich hören wie wir, ist eine andere Frage. Jedenfalls können sie Schall und dessen Richtung wahrnehmen, darauf reagieren und auch selbst Schallwellen erzeugen[1].

Es ist auch bekannt, dass im Wasser lebende Tiere von Krach durch Schiffe, seismische Waffen und Motoren in im Meer befindlichen Zuchtanlagen abgelenkt werden.

Interessanter finden wir die Frage, ob Fische überhaupt ›fröhlich‹ oder ›gut gestimmt‹ sein können. Ihnen fehlt ja eigentlich der dafür notwendige Teil des Gehirns, die Großhirnrinde.

Wir nehmen an, dass ältere und tiefer gelegene Hirnbereiche bei Fischen immerhin genügend Gefühle erzeugen können. Es handelt sich dabei um den Mandelkern (*Amygdala*) und den *Hypothalamus*, die beide auch bei Menschen an der gefühlsbetonten Handlungssteuerung beteiligt sind.

Mozart hielten wir für einen guten Komponisten für solche Tests, weil seine Musik rein und einfach ist und auf recht hohen Tonlagen läuft. Außerdem wurde in Experimenten von Kollegen schon mehrfach gezeigt, dass Mozarts Musik auf Menschen beruhigend wirkt.«

Damit sind künftige Forschungsprojekte schon vorgegeben: Die Frage wird sein, welche Musikrichtung den Fischen am angenehmsten ist. Es gibt schon Vorarbeiten: Ava Chase von der Harvard-Universität zeigte, dass Fische erstens Blues von Klassik und zweitens auch die Abspielrichtung der Musik unterscheiden können.

Dazu mussten die drei Kois »Beauty«, »Oro« und »Pepi« (kein Witz, so hießen sie) zunächst Gitarrenstücken von John Lee Hooker (1917–2001) und Oboenkonzerten von Johann Sebastian Bach (1685–1750) lauschen. Was sich auf den ersten Blick wie ein Studentenscherz anhört, war eine der höllischsten Fleißarbeiten, von der ich je gelesen habe. Nachdem die Tiere nämlich Hookerschen Blues und Bachsche Oboen auseinanderhalten konnten (erkennbar daran, dass sie einen Unterwasser-Lichtschalter zur richtigen Zeit betätigten und dafür eine leckere Futterperle erhielten), ging es erst richtig los.

Die Tiere hatten da nämlich erst ihre Grundausbildung hinter sich. Nun wurden ihnen in über zehntausend Durchgängen im Laufe von sechs Monaten noch folgende Stücke ans kalte Fischherz gelegt:

Von John Lee Hooker die Songs »Blues Before Sunrise«, »Real Folk Blues« und »Boom Boom« sowie Stück-Auszüge der Blues-Musiker Muddy Waters (eigentlich McKinley Morganfield, 1915–1983), Koko Taylor (*1935) und Sonny Boy Williamson II. (1897–1965). Damit nicht genug. Den drei Fischlein wurden zuletzt noch Passagen aus den Samplern »Chess Blues 1«, »Chess Blues 2«, »Blending Blues«, »Legendary Blues«, »House of Blues« und der »Blues Story Compilation« vorgespielt.

Nun hatten sie genug Tonfolgen im Gedächtnis und konnten die Bluessongs mit Auszügen aus Klassikern vergleichen, darunter das schon erwähnte Bachsche Oboenkonzert, aber auch Sonaten von Händel, Mozart (Oboe), Beethoven (Cello), Vivaldi (Cello, Gitarre), das Schubertsche Forellenquintett, die Brandenburgischen Konzerte, weitere Violinenkonzerte von Bach und Vivaldi sowie ein nicht näher benanntes Barock-Stück für Hörner.

Diesen musikalischen Strauß konnte Kollega Chase zusammenstellen, weil Kois über kleine Knöchelchen Schall aus dem Wasser auf ihre Schwimmblase übertragen können. Von dort gelangt der Schall in die Innenohren. »Daher«, so

43

Ava Chase, »sind Karpfen wie die Kois echte Hörspezialisten. Sie hören besser als jede andere Fischart. Zwar werden einige Tonbereiche abgeschnitten, aber bei ihnen kommt doch ungefähr soviel Musik an wie bei einem Menschen, dem man Musik durchs Telefon vorspielt.«

Oro, Pepi und Beauty waren mit sieben bis elf Lebensjahren recht erfahren, da sie schon fünf Jahre ihres Lebens im Labor mit Versuchen verbracht hatten. Kumpels waren sie auch, denn sie lebten stets im selben Aquarium, wenn nicht gerade für Versuche eine (allerdings durchsichtige) Trennscheibe eingezogen wurde.

Den Tieren gelang es in den tausenden von Versuchen, sich eine Futterperle zu ergattern, wenn sie eines der Bluesstücke erkannten und auf den Knopf drückten. Umgekehrt gab es auch eine Belohnung, wenn eins der klassischen Stücke ertönte und sie dabei *nicht* den Unterwasserknopf betätigten. Damit war gezeigt, dass Koi-Karpfen wie Menschen zwischen verschiedenen Musikrichtungen unterscheiden können und sich das Ganze auch noch eine Zeit lang merken können.

Natürlich klappte nicht immer alles perfekt. »Gitarrenkonzerte von Vivaldi ordneten die Fische manchmal dem Blues zu«, berichtete die Versuchsleiterin. »Das ist interessant, denn die Tiere könnten natürlich generell alle Gitarrenklänge für Blues halten. Diese Fehlzuordnung passiert Menschen nicht.

Was die Fische auch erst einmal lernen mussten, war die Unterscheidung von CDs, die von nur einem Künstler stammten, im Vergleich zu CDs, auf denen mehrere Komponisten zusammengefasst wurden.«

Die Feingeistigkeit der Kois ist auch deswegen putzig, weil ein großer Softwarehersteller im Jahr 2008 ganz

6. Pepi, Oro und Beauty im Labor. Durch Drücken des Knopfes am Boden zur rechten Zeit – nämlich wenn die richtige Musik ertönt – verdienen sie sich eine Futterbelohnung. Abb. Benecke nach Chase, 2001.

7. Notenauszug: Die Musik wurde den Fischen zuletzt nur noch vom Keyboard vorgespielt. Dennoch konnten sie den Musikstil erkennen. Hier eine Paganini-Variation von Rachmaninow. Abb. Jacek Sowizral

Deutschland mit der Mitteilung zuplakatierte, dass Goldfische »innerhalb von drei Sekunden [alles] vergessen«. Das ist sicher nicht richtig, und es gilt auch für viele andere Tierarten nicht. So können beispielsweise Tauben barocke Orgelmusik von heutiger Orchestermusik unterscheiden, und Reisfinken (*Padda oryzivora*) konnten sogar Klavierstücke von Bach von ebenfalls auf Klavier gespielten Werken von Schönberg und Vivaldi unterscheiden. Das bedeutet, dass die Tiere nicht etwa einfach nur die verschiedenen Tonlagen der Instrumente lernen, sondern wirklich so etwas wie ein Verständnis für Musik haben oder zumindest gegen Belohnung lernen können.

Ava Chase hatte sich derweil in ihr Forschungsobjekt verbissen. Sie spielte den Tieren die Stücke nun rückwärts (!) und auf einem Synthesizer vor. Auch dabei zeigte sich, dass die Kois zwar nicht immer, aber doch sehr oft unterscheiden konnten, welcher Stil ihnen gerade dargeboten wurde.

Allerdings wurde »Beauty« im Laufe der Versuche überfordert und verwirrte zusehends. Am Ende konnte sie bei den Versuchen nicht mehr mitmachen – Burn-out. Diesen Effekt haben Kollegen und auch ich bei Lernversuchen mit

Tieren schon öfter festgestellt. Fordert man die Tiere durch immer kompliziertere Versuchsaufgaben zu sehr heraus, dann werden sie manchmal förmlich verrückt. Besonders, wenn die Tiere lernen sollen, etwas einmal erfolgreich Durchgeführtes nun genau andersherum durchzuspielen, scheinen sie in Schwierigkeiten zu kommen. So wie Kollega Chase ihren Koi »Beauty« zum Ende der Versuche nicht mehr trainieren konnte, hatten wir beispielsweise bei

Versuchen mit Zirren- oder Moschus-Kraken das Erlebnis, dass sich die – sehr intelligenten – Tiere teils nur noch in die Ecke setzten oder an die Scheibe des Aquariums klebten und gar nichts mehr taten – ganz wie ein Mensch, der beleidigt oder überfordert ist.

Und damit gelangen wir zum alten Brehm und den Experimenten zum Hundecharakter (siehe »Wuffis Freunde und Feinde«, S. 114): Wir wissen, wie intelligent Tiere sind, sofern man ihnen für sie lösbare und wahrnehmbare Aufgaben stellt. Wir wissen auch, dass besonders Hunde sich oft ähnlich verhalten wie wir. Doch wie die Tiere im Kern wirklich empfinden und fühlen, das werden wir nie erfahren. Sie können sich eben nicht mit Worten ausdrücken, und ein Rest menschlicher Einbildung bleibt daher wohl immer. Dennoch ein guter Grund, Vegetarier zu werden: Wer will schon seine Freunde aufessen, noch dazu, wenn sie uns nachweislich so stark ähneln? Ich jedenfalls habe meine Lektion gelernt, als wir unsere Versuchskraken nach drei Monaten Zusammenarbeit (man kann mit Kraken, die auch einzelne Personen sehr gut unterscheiden können, sehr viel Spaß haben) zurück ins Meer brachten: Meine Kolleginnen weinten, als die Tiere ein letztes Mal ihre Tentakel in unsere Richtung streckten und zurück ins salzige Nass tauchten, aus dem sie gekommen waren.

W. F. Angermeier, M. Benecke, B. Göhlen, V. Kolloch (1993), »Inhibitory learning and memory in the topshell *Monodonta lineata*«. In: *Bulletin of the Psychonomic Society*, Nr. 31, S. 529f.

A. Chase (2001), »Music discrimination by carp (Cyprinus carpio)«. In: *Animal Learning and Behavior*, Nr. 29, S. 336–353.

W. T. Fitch (2006), »The biology and evolution of music: A comparative perspective«. In: *Cognition*, Nr. 100, S. 173–215.

S. E. Papoutsogloua, N. Karakatsoulia, E. Louizosb, S. Chadioc,
D. Kalogiannisc, C. Dallad, A. Polissidisd, Z. Papadopoulou-Daifotid
(2007,), »Effect of Mozart's music (Romanze-Andante of ›Eine Kleine
Nachtmusik‹, sol major, K525) stimulus on common carp (Cyprinus
carpio L.) physiology under different light conditions«. In: *Aquacultural
Engineering*, Nr. 36, S. 61–72.

D. Porter, A. Neuringer (1984), »Musical discrimination by pigeons«.
In: *Journal of experimental psychology. Animal behavior processes*, Nr. 10,
S. 138–148.

S. Watanabe, K. Sato (1999), »Discriminative stimulus properties of
music in Java sparrows«. In: *Behavioral Processes*, Nr. 47, S. 53–58.

[1] beispielsweise durch gezielt aus dem Darm gestoßene Gasblasen:
Ig-Nobelpreis für Biologie 2007.

SCHLEIMSCHWIMMEN

Manche Autoren begründen seitenweise ihr Vorgehen, bevor sie zur Sache kommen, andere benötigen nur zwei Druckseiten, um einem den Atem zu rauben. Das gilt besonders, wenn Hobby- und Laienschwimmer in einem Becken kraulen müssen, das mit Guarbohnenschleim gefüllt ist (Guarbohne: *Cyamopsis tetragonolobus*).

Der Aberwitz und die Coolness des Experiments werden deutlich, wenn man weiß, dass die beiden Experimentatoren normalerweise mit sehr, sehr dünnen Schichten, sogenannten Materialfilmen, arbeiten. Die oft nur 30 Millionstel Millimeter dicken Gebilde (etwa hundert Mal dünner als ein menschliches Haar) werden beispielsweise als Wasserfilter eingesetzt, sei es, um das Wasser durch Abfiltern von Keimen und Schadstoffen genießbar zu machen oder um Giftmüll-Deponie-Böden damit auszukleiden, damit Krebs erregende Stoffe nicht in den Boden und das Grundwasser gelangen.

Aber den Ig-Nobelpreis für Chemie im Jahr 2005 hat der Leiter des Glibberbibb-Experiments Ed Cussler für etwas ganz anderes erhalten. »Es fing alles damit an«, sagt der mittlerweile seniore Professor, »dass mich eine dicke Studentin aus Uruguay zum Wettschwimmen aufforderte und unerwarteterweise gewann.

Ich besorgte mir daraufhin das Buch des in den USA sehr bekannten Schwimmtrainers Jim Counsilman, *The New Science of Swimming*. Darin stand, dass jemand, der doppelt schnell schwimmen will, achtmal so viel Kraft aufwenden muss.

Weil dieser Zusammenhang schon im 17. Jahrhundert von

8. Das Schwimmbecken des Schleimes an der Universität Minneapolis, hier ausnahmsweise mit Wasser gefüllt. Foto: Justin Evidon.

Christian Huygens und Isaac Newton – allerdings nur mathematisch – beschrieben worden war, wollte ich es gerne einmal praktisch erproben. Denn selbst Newton war sich nicht ganz sicher, ob wirklich die Zähflüssigkeit des Becken-Inhaltes die entscheidende Rolle spielt. Nur, weil sein Kollege Huygens so fest daran glaubte, nahm Newton die Aussage in sein Hauptwerk auf« (*Philosophiae naturalis principia mathematica*, 1687).

Schnell zeigte sich, dass man erstens ein wirklich großes Becken für die Versuche brauchte und zweitens, dass man auch eine Menge Schwimmer dafür gewinnen musste, damit es keine zufälligen Ergebnisse geben würde. Nicht nur, um den ganzen Aufwand finanzieren zu können, sondern auch, um bürokratische Hürden gar nicht erst entstehen zu lassen, stellte Cussler – ganz altgedienter Forscher – daher erst einmal einen Forschungsantrag.

Gut daran erinnern können sich auch noch der Chef der Schwimmhalle und die Anwälte der Universität. »Jeder, aber auch wirklich jeder hier, fand die Anfrage interessant«, berichtet Duane Proell, »denn wir alle fragten uns schon immer, warum man so viel Kraft benötigt, um schneller zu schwimmen. Warum nicht«, sagten wir uns also, »der Wissenschaftler will die Bewegung durch Wasser erforschen, und nichts anderes machen wir hier ja eh jeden Tag.

Weniger lustig fanden wir allerdings, dass wir dazu gut 300 Kilo Guarkernmehl in unser auf olympische Standards ausgerichtetes Becken kippen sollten. Wir ließen uns aber auch davon gern überzeugen, denn schließlich gehören wir zur Universität, und Bildung ist unser höchstes Ziel.«

Die Zustimmung der Schwimmhalle war aber nur die erste von insgesamt 22 Bewilligungen, die das Forscherteam – mittlerweile angewachsen um den durchtrainierten, blonden Studenten Brian Gettelfinger, der um Haaresbreite im Olympiateam der Schwimmer für Athen gelandet wäre – einholen musste. »Der bizarre Weg durch die Instanzen machte uns zu einer Art Berühmtheit hier auf den Uni-Fluren«, erinnert sich Cussler. »Jeder hatte eine Meinung zum Thema und tat sie auch kund. Eines der Probleme, die die Verwaltung aufwarf, war beispielsweise, ob man den ganzen Schmodder hinterher einfach ablaufen lassen durfte oder nicht. Es war richtig lustig!«

Nachdem die letzte Genehmigung erteilt war, ging es los. Die beiden Membran-Forscher ließen säckeweise Verdickungsmittel in eine große, grüne Mülltonne rieseln, durch die eigens der Zufluss für den Pool umgeleitet war. Das Ganze wurde mit einem Bohrer, auf den ein Propeller gesteckt war, durchmischt und dann aus der Tonne in den Pool gepumpt. So ließ sich das fünfundzwanzig Meter lange Becken einheitlich befüllen. »Ehrlich gesagt sah das Gemisch aus wie Rotz«, berichtet Cussler. Doch es entstand kein Rotz, sondern eine Pampe, die ungefähr zweimal so fest wie Wasser war.

Die 16 Freiwilligen standen währenddessen schon bereit und mussten nun nach und nach in den Sirup tauchen und ihn in beliebigen Schwimmstilen durchqueren. Zur Kontrolle waren sie zuvor durch normales Wasser geschwommen.

Als man die Werte verglich, kam die große Überraschung. Die Ungeübten wie die Profis schwammen stets gleich schnell – egal, ob sie das Gel oder normales Wasser durchkreuzt hatten. Die Teilnehmer (und auch die Forscher) wussten während des Experimentes nicht, wie dickflüssig genau das Testgel geraten war. Die Schwimmer wunderten sich nur, dass es sich in etwa anfühlte, als würden sie »durch ein Gewässer mit Seetang schwimmen«. Pfuschen konnte und wollte niemand, da zwar die alten Formeln bekannt waren, der Einfluss der Dickflüssigkeit aber unbekannt.

»Damit war gezeigt«, freut sich Cussler, »dass man in mit Guarkernmehl verdicktem Wasser nicht langsamer ist als in normalem Wasser. Der Schwimmstil ist auch egal. Wir erprobten Butterfly, Rückenschwimmen, Brustschwimmen, Freistil und Hundepaddeln, aber die relative Geschwindigkeit blieb immer gleich. Die stärkste Abweichung betrug vier Prozent, und die Standardabweichung war die Gleiche, die man zwischen einzelnen Schwimmdurchgängen ohnehin beobachtet.«

Etwas kniffeliger, als das Gel anzumischen und Schwimmer hindurchzujagen, war, die Erscheinung zu verstehen. Denn dass man mehr Kraft braucht, um durch einen dickeren Saft zu schwimmen, ist klar. Die Erklärung liegt in einem doppelter Effekt: Zwar bremst das Gel den Schwimmer, zugleich liefert das zähe Geglibber aber auch mehr Schub nach vorne, wenn man mit Händen und Füßen durch die Flüssigkeit pflügt, sich also nach vorne drückt. Diese beiden Wirkungen – das Bremsen und der verstärkte Schub – gleichen sich genau aus.

»Die einzigen kleinen Unterschiede, die wir beobachten konnten, kamen durch die Statur der Schwimmer«, sagt Cussler. »Denn da Vortrieb und Reibungswiderstand sich ausgleichen, bleibt nur doch die Fläche des Vorderendes des Schwimmers als bremsende Größe.«

Daraus folgt: Der perfekte Schwimmer muss vom Kopfende her gesehen so schmal wie möglich sein, um der einzig entscheidenden Gegenkraft zu entschlüpfen. Anders gesagt: »Der optimale Schwimmer sieht aus wie eine Schlange mit den Armen eines Gorillas«, so Forschungsleiter Cussler.

Bleibt nur noch eine Frage: Wie dick muss der Pudding im Becken werden, damit man doch langsamer schwimmt und sich nicht beide Effekte gegenseitig aufheben? Berechnungen ergeben: Man benötigt dazu eine mindestens tausendfach verdickte Pampe. Doch da die nicht mehr durch die Abflussrohre des Universitäts-Schwimmbades fließt, wird dieses entscheidende Experiment nie stattfinden. Eigentlich schade, denn wie Chemie-

ingenieursanwärter und Probeschwimmer Jonathan de Rocher
trefflich sagte: »Ich hatte schon so einiges über Professor Cussler gehört. Seine Ideen, so hörte man, sind immer originell, und
manchmal klappen sie sogar – oder auch nicht.«

• IG-GESAMTNOTE: Lupenrein und vorbildlich – mehr
als verdienter Ig-Nobelpreis für Chemie 2005. Zur Preisverleihung in Harvard reisten sowohl der grauhaarige Chef als
auch der blonde Adlatus (Letzterer bis auf Badehose und
Schwimmbrille unbekleidet) an und nahmen ihren Preis
entgegen. Es handelte sich um eine fünfseitige Pyramide, die
auf jeder Fläche die Aufschrift »siehe andere Seite« trug.

B. Gettelfinger, E. L. Cussler (2004), »Will Humans Swim Faster or Slower
in Syrup?«. In: *American Institute of Chemical Engineers Journal*, Nr. 50, S. 2646f.

M. Hopkin (2004), »Swimming in syrup is as easy as in water«. In: *Nature
(News)*, Nr. 20, Sept. 2004, o.S.

J. Woodward (2004), »Going for the goo«. In: Institute of Technology, University of Minnesota, *Bullentin* Winter 2004 (Oct 1, 2004), o.B., o.S.

KLIMAKTERISCHES KOKOS UND
KNOBLAUCHKÜSSE

Einmal im Jahr leere ich das Fach mit den bizarreren Vorschlägen für den Ig-Nobelpreis und schaue, was gleichsam als Bodensatz übrigbleibt. Dabei stieß ich letztens auf zwei eigentlich extrem coole Papers*, die es aber nicht zu ignoblen Weihen geschafft haben. Fairerweise sollen sie zumindest hier ihre letzte und verdiente Ruhe finden. Denn eins sind die folgenden Forschungsergebnisse unbestreitbar: praktisch.

Paper 1 stammt aus dem Minneapolis Veterans Hospital und zeigt, dass gegen Mundgeruch kein Kraut wächst und selbst festes Zähneputzen nicht viel (aber immerhin ein wenig) nützt. Fünf Versuchspersonen (VP) hatten dazu je sechs Gramm Knoblauch verkostet. Im Abstand von vier Stunden wurden ihnen dann jeweils Urin- und Atemproben – äh – entnommen. Wie sich nach Auftrennung in einem Gas-Chromatographen mit Massenspektrometer (GC/MS) zeigte, waren es vor allem Schwefelgase, die den verknoblauchten Mündern entströmten, darunter Allylmercaptan, Allylmethylsulfid und natürlich reichlich ekeliger Schwefelwasserstoff.

Das für Knoblauch typischste Gas wurde nun im Blindtest mit freiwilligen Riechern eingeengt: Es war Allylmethylsulfid.

Während die Erforschung der Gase den Wissenschaftler erfreut, der daraus ableiten kann, wo und warum sie wie entstehen, fragten die Laien eher, ob man denn nun etwas gegen den fiesen Knoblauchatem unternehmen kann. Also wurde ein Zusatzversuch gestartet. Er zeigte, dass Probanden, die ihre Zähne mit Natriumhydrogenkarbonat (Bullrichsalz) putzten, den aus der Lunge strömenden Geruch kurzfristig um 45 Prozent ver-

57

9. Nur für die ganz Harten oder in absoluten Notfällen anzuwenden: Die Kokosnusskur.

mindern konnten – immerhin! Mit Omas Pulver gegen Sodbrennen können sie also auch ihre Kusschancen steigern.

»Ganz los wird man den Knoblauchgeruch aber nie«, räumt Versuchsleiter Fabrizis Suarez ein. »Denn es riecht leider nicht nur die Mundhöhle, sondern auch Blut und Urin ... und der Atem, der aus der Lunge kommt. Noch besser als Bullrichsalz wäre es ehrlich gesagt, mit Wasserstoffperoxid zu gurgeln – das würde die Gase für bis zu acht Stunden zurückdrängen.« Warum nur »wäre« und »würde«? Nun ja – das Mittel dient sonst zum Haarebleichen.

Paper 2 war ursprünglich aus der medizinischen Not geboren und empfiehlt – falls Kochsalzlösung zur Blutverdünnung einmal knapp wird – doch Kokosnusswasser in die Adern der Patienten zu füllen. Dass es sich hierbei nicht um einen verkopften Vorschlag, sondern um echte Forschung handelt, beweist die Tatsache, dass das Verfahren unter anderem auf den Salomoninseln erfolgreich an echten Menschen getestet wurde.

Warum die Patienten die Prozedur überleben, ist nicht ganz klar, denn die Ionenmischung der Kokosnuss ähnelt derjenigen in Kochsalzbeuteln im Krankenhaus oder dem Plasma in den Adern doch nicht völlig. Besonders der hohe Kalium-, Calcium- und Magnesiumgehalt erinnert eher an die biochemischen Zustände im Inneren der Zelle, aber nicht im freien Strom der Blutbahn, also außerhalb der eigentlichen Zellen. Zudem ist das Kokoswasser mit einem pH-Wert von 5 auch eher sauer als neutral, jedoch »wird das Blut der Patienten trotzdem nicht sauer«, erklärt Forscherin Darilyn Campbell-Falck. »Offenbar gelingt es dem menschlichen Körper hinreichend gut, die Säure abzupuffern. Man sollte allerdings nicht vergessen, dass die meisten Patienten an Wassermangel leidende Cholerakranke, Bürgerkriegsopfer aus Nigeria und schwer durchfallkranke Kinder waren.«

Wer das Verfahren einmal ausprobieren will oder zu weit weg von einem vernünftigen Krankenhaus lebt, sodass die Not nichts anderes zulässt:

1. Eins der kleineren Steinfrucht-Keimlöcher der Kokosnuss (»dunkle Dellen«) mit einer sehr dünnen Kanüle durchstechen, um einen Druckausgleich zu bewirken,
2. dann die erste Kanüle, weil mit Endokarp* verstopft, wegwerfen,
3. eine neue, dickere Kanüle ins nun freie Nussloch stecken und los geht's.

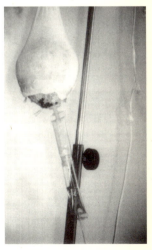

10. Kokosnuss statt Kochsalz.

Hier noch ein weiterer Trick: Die Kokosnüsse werden im Krankenhaus in einen auf den Kopf gestellten orthopädischen Strumpf gezwängt und dann an die bekannten Rollständer für Kochsalz- oder Blutbeutel gehängt.

Bis zu einem halben Liter Kokosflüssigkeit pro drei Stunden – bei tropfenweiser Infusion auch 1,8 Liter pro Tag – wurden schon überlebt. »Ein bisschen unangenehm kann es schon werden. Vier von dreizehn Patienten entwickelten an der Einstichstelle eine Entzündung, die sich aber nicht im Körper ausbreitete«, berichten die Mediziner. Also besser nur ausprobieren, wenn ein Arzt in der Nähe oder wirklich Not am Mann ist.

Wer genügend Zeit hat, kann das Kokoswasser vorher oder währenddessen filtern (Ceylonesische Methode); es geht aber auch ohne dieses aufwändige Vorspiel (Malaysisches Verfahren).

Die Autoren der Kokos-Veröffentlichung sind über den Erfolg der Methode selbst erstaunt, freuen sich aber, dass alle Stadien der Nussreifung genutzt werden können, als da wären: *kabuaro, leuleu, kopa, bulo, zokelebulo* und *rauka*. »Am besten«, so Campbell-Falck, »eignen sich ganz junge Kokosnüsse. Das ältere *zokelebulo*-Stadium eignet sich zwar am besten als Speise, in den jüngeren Stadien findet sich aber die meiste Flüssigkeit. Daher sollte man diese verwenden, wenn der Patient auszutrocknen droht.«

Und wie kommt man an die Kokosnüsse im jeweils perfekten Stadium? »Sehr einfach«, erklärt die Forscherin. »Die Verwandten der Kranken klettern auf eine Palme, suchen geeignete Stadien aus und bringen sie sorgfältig zu Boden, damit es bloß keine Risse gibt, durch die das Kokoswasser verunreinigt werden könnte. Dann schälen sie die Frucht vorsichtig, lassen allerdings die drei ›Augen‹ unangetastet.« Wie es weitergeht: siehe oben.

• IG-GESAMTNOTE: Beide Veröffentlichungen – zum Knoblauch wie zu den Kokosnüssen – sind praktisch und anwendbar. Das macht sie verdächtig, denn das Ig-Kollegium ist anscheinend mehr an über sich hinausweisenden Veröffentlichungen interessiert. So rieselten die beiden schönen Papers den Herren in Harvard durch die Finger wie Sand vom Strand der Salomoninseln. Egal: Dafür weiß ich jetzt, dass Kokosnüsse »nichtklimakterische« Steinfrüchte sind (weil sie nach der Ernte nicht nachreifen) und dass die Einnahme von Bullrichsalz oder das Gurgeln mit Haarbleiche gegen Knoblauchgeruch aus dem Mund hilft. Wer sagt's denn.

A. M. Braslavsky (1999), »Why garlic is bad breath king«. In: *WebMD*, 27. Nov. 1999, o.B., o.J.

D. Campbell-Falck, T. Thomas, T. M. Falck, N. Tutuo, K. Clem (2000), »The intravenous use of coconut water«. In: *The American Journal of Emergency Medicine*, Nr. 18, S. 108–811.

W. Hasler (1999), »Garlic breath explained: Why brushing your teeth won't help«. In: *Gastroenterology*, Nr. 117, S. 1248–1249.

F. Suarez, J. Springfield, J. Furne, M. Levitt (1999), »Differentiation of mouth versus gut as site of origin of odoriferous breath gases after garlic ingestion«. In: *The American Journal of Physiology – Gastrointestinal and Liver Physiology*, Nr. 276, S. G425–G430.

PROPRIOZEPTIVE RANZENHABITUATION

Es ist schade, dass scheinbar nichtssagende oder dem Zweck des Experiments zuwiderlaufende Ergebnisse meist nicht veröffentlicht werden. Denn ob wirklich nichts herausgekommen ist oder ob sich eines Tages nicht doch eine interessante Idee aus dem scheinbaren Scheitern der Kollegen ergeben hätte, kann niemand wissen, wenn es eben nicht berichtet wird und daher niemand von den Versuchen erfährt.

Das Schweigen kommt vielleicht daher, dass selbst die angeblich so drögen Gutachter, die bei der Einreichung eines Artikels ein Urteil über diesen abgeben müssen, Negativstudien fad und unsexy finden und deswegen nicht annehmen. Sie wollen halt lieber etwas Unerwartetes lesen als etwas, das man sich eh denken kann – eine eher kulturelle (»auch Wissenschaftler wollen beim Lesen unterhalten werden«) als inhaltliche (»der Artikel ist vielleicht langweilig, aber trotzdem sehr gut«) Entscheidung.

Dazu zwei Beispiele, die in Wirklichkeit nur scheinbar langweilig sind und dennoch dem Ig-Nobelpreis-Komitee entschlüpft sind.

An der neuseeländischen Massey-Universität wurden zwanzig Schulkinder mit sechs Kilogramm schweren Schulranzen per Fahrrad über einen trockenen Rasen gehetzt. Die Kids mussten, so schnell sie konnten, einen Parcours um 22 Absperrkegel und fünf Bäume fahren. »Das Schwierigste«, so die Forschungsleiter, »waren vermutlich die drei Zickzack-Stellen und acht scharfe Kurven, von denen zwei vollständige Kreise waren. Am Ende haben wir noch einen schönen Sprint eingebaut.

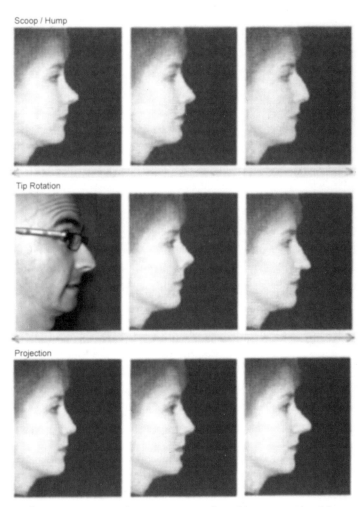

11. Spitzenrotation ist nicht sexy, wenn es sich um Nasenspitzen handelt.

Als Fehler galt jedes Aufstützen mit dem Fuß, umgestoßene Verkehrskegel und natürlich das Berühren der Hindernisse mit dem Fahrrad oder einem beliebigen Körperteil.«

Im Vergleich zu Fahrten ohne Ranzen zeigte sich, dass die Kinder stets gleich gut fuhren, wenngleich mit Ranzen ein bisschen langsamer. Das war's.

»Das fanden wir erstaunlich«, erklären die Kollegen etwas umständlich, »denn man könnte ja eigentlich meinen, dass die Hinzufügung einer Masse, also des Schulranzens, die kinästhetischen Reize beeinflussen müsste, was durch propriozeptive neurale Habituation aber natürlich ausgeglichen werden kann.«

Zu deutsch: Kinder gewöhnen sich daran, einen Ranzen auf dem Rücken zu schleppen – auch beim Radfahren.

In der zweiten Studie prüften ein Team der Mayo-Klinik (USA) und der Uni Toronto, ob Frauen, die sich die Nase schönheitschirurgisch verkleinern lassen, dies dem Geschmack der Allgemeinheit folgend tun oder ob sie ihre ganz privaten, nicht einheitlichen Nasenvorstellungen umsetzen.

Dazu wurden die Wünsche von 27 Patientinnen mit denen von 15 Kontroll-Versuchsperonen verglichen, die sich die Nase nicht richten lassen wollten, aber dennoch eine Meinung zum Thema hatten. Ergebnis nach sehr aufwändiger Rechnerei: Alle untersuchten Menschen, egal ob Patienten eines Schönheitschirurgen oder nicht, bevorzugen denselben Nasentyp. Hm.

• IG-GESAMTNOTE: Wissenschaftler sind besser dran, wenn sie eine gute Geschichte zu erzählen haben. Da die obigen Stories von Nasen und Ranzen tatsächlich etwas dünn sind (es kommt das heraus, was man erwartet), gibt es für die Kollegen aus Neuseeland (Schulranzenslalom) und Nordamerika (Nasenformen) auch keinen Eintrag, ja noch nicht einmal einen Antrag für den Ig-Nobelpreis.

Das liegt aber nicht an mir. Denn wenn man länger über die beiden scheinbar langweiligen Studien nachdenkt – was ich unter der Dusche in Ruhe getan habe – dann gibt es noch jede Menge interessanter Folgeexperimente, die aber vermutlich mangels Interesse der Reviewer* nie stattfinden werden ...

S. J. Legg, E. Laurs, D. I. Hedderleys (2003), »How safe is cycling with a schoolbag?«. In: *Ergonomics*, Nr. 46, S. 859–869.

D. C. Pearson, P. A. Adamson, *Archives of Facial Plastic Surgery* (2004), 6 (4): 257–262, »The ideal nasal profile: Rhinoplasty patients vs the general public«

MÄNNER MIT MILCHSCHOKOLADE

Viele Frauen, die schwanger sind oder keine hormonelle Empfängnisverhütung betreiben, kennen Schwankungen ihrer Vorlieben für bestimmte Speisen. Dabei geht es weniger um die Nahrhaftigkeit, sondern eher um den Säuregehalt beziehungsweise die Pappig-, Sämig- oder Breiigkeit des ersehnten Happens, also mehr um das Erlebnis im Mund als den Nutzen in Magen und Darm.

Königin der Begehrten ist dabei die Schokolade, sei es als Pudding, Eis oder en bloc. Sie verbindet alle guten Eigenschaften eines Muntermachers: Sie ist im Mund flutschig, der enthaltene Zucker wird schnell in Kraft umgesetzt, und zudem wirkt Schokolade messbar gegen schlechte Laune. Kein Wunder, dass sich Menschen während Diäten und Rosskuren oft nach nichts anderem mehr sehnen als einem Stück Schokolade oder einem Pralinchen.

»Allerdings«, so die Psychologen Macht, Roth und Ellgring von der Universität Würzburg, »sollten verschiedene Emotionen verschiedene Essenswünsche bewirken. Wut ist eine hochenergetische Sache, Traurigkeit verlangsamt alle Bewegungen, und Freude verbreitert die momentanen Gedanken.« Das sollte sich auch im Essverhalten widerspiegeln.

Denn benötigt ein höheres Lebewesen viel Energie, heißt das bekanntlich nicht, dass es diese auch sofort als Nahrung zu sich nimmt. Das liegt auch nahe: Während eines Kampfes, Rennens oder eines Wutausbruches lässt es sich schlecht essen.

Sowohl Menschen wie auch Ratten essen daher am meisten, wenn sie zwar ein wenig, aber nicht zu sehr erregt sind. Nimmt

12. Wirkt auch auf Männer: Schokolade. Hier als Fondue.

der Stress weiter zu, dann futtert man, auch unter experimentellen Bedingungen wenig bis gar nichts.

Kniffelig und damit interessant ist nun die Frage, ob es wirklich stimmungsabhängig bevorzugte Nahrungsmittel gibt. Denn der Wunsch, einfach *mehr* zu essen, kann sowohl durch gute Laune (und damit auch Spaß am Schmecken) als auch durch negative Erlebnisse (und damit den Wunsch, sich durch eine Leckerei zu besänftigen) entstehen.

»Zudem«, so die Forscher, »hängt das Zusammenspiel von Stimmung und Essen auch davon ab, wie lange das jeweilige Gefühl schon andauert. Je länger jemand beispielsweise traurig ist, umso wahrscheinlicher könnte es werden, dass man dies durch Essen auszugleichen versucht. Hinzu kommt der Unterschied zwischen Frauen und Männern: Frauen versuchen viel stärker, ihre Gefühle durch Essen zu regulieren.«

Wie steht es also mit den *Männern* und ihrer Lust auf Schokolade? 48 Versuchspersonen (VP), die alle »gerne, aber nicht im Übermaß« Schokolade aßen, wurden daher in geeignete Stimmungen gebracht, um dann ihre Schokoladengewohnheiten zu prüfen. Dazu erhielten sie in jeder Gefühlslage ein Fünf-Gramm-Stückchen ihrer Lieblingsschokolade (bevorzugt wurde Rum-Traube-Nuss, gefolgt von Nougat, Yoghurt, Kokos, Weißer Vollnuss und – am unbeliebtesten – Halbbitter). Eine Kamera zeichnete auf, wie schnell und mit wie vielen Kaubewegungen die Zuschauer die Schokostückchen verzehrten.

Als Gefühlserzeuger wurden etwa zweieinhalb Minuten lange Ausschnitte aus Filmen gezeigt, die schon in mehreren Vorabstudien in Belgien, den USA und Deutschland erfolgreich zur Beeinflussung von VP verwendet worden waren:

- »Cry Freedom« (»Schrei nach Freiheit«, 1987; der südafrikanische Bürgerrechtler Steve Biko, gespielt von Denzel Washington, zahlt in Südafrika seinen Einsatz für die Rechte dunkelhäutiger Menschen mit dem Leben): Ausschnitt, in dem weiße Polizisten junge dunkelhäutige Demonstranten prügeln → Wut

- »Schweigen der Lämmer« (1991; FBI-Agentin Clarice Starling, gespielt von Jodie Foster, verfolgt einen Serienmörder, der den Opfern die Haut teilweise abgezogen hat): Szene, in der die Agentin in einem dunklen Keller den Täter sucht, zugleich aber von ihm gejagt wird → Angst

- »The Champ« (Remake von 1979; ehemaliger Box-Champion, gespielt von Jon Voight, zieht seinen Jungen groß, nachdem ihn seine Frau verlassen hat, und arbeitet zugleich an seinem Comeback): Junge betrauert weinend den Tod seines Vaters → Trauer

- Harry und Sally« (1989; leichtfüßiger Film über Freundschaft und Liebe zwischen den Hauptfiguren): Sally (Meg Ryan) mimt in einem voll besetzten Restaurant an der schrottigen Manhattener Houston Street einen Orgasmus → Freude

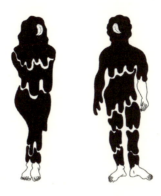

Zwischen diesen Ausschnitten wurde ein jeweils gut einminütiger Clip aus »Sieben Jahre in Tibet« gezeigt, der den Probanden erlauben sollte, sich ab- beziehungsweise umzuregen.

Um zu sehen, ob die Schokolade die Laune veränderte, mussten die Probanden zunächst ihre eigene Stimmung einschätzen, dann den Filmausschnitt ansehen, dann ihre Schoki verzehren und zuletzt erstens erneut ihre Stimmung in einem Bogen beschreiben. Zweitens mussten sie sagen, wie lecker und »beruhigend«, »angenehm« oder »anregend« das jeweils gereichte Naschwerk auf sie gewirkt hat.

Dabei zeigte sich, dass der Appetit auf Schokolade am größten war, wenn der Film heiter daherkam. Angst führte nur zu einer leichten Abnahme des Schokoappetits, während die traurige Szene und noch mehr die ungerechte Polizeigewalt schon einen deutlicheren Appetitverlust bewirkten.

Weil die Schokolade nun aber schon einmal dastand (und weil es zum Experiment gehörte), wurde sie trotzdem stets gegessen. Und siehe da: Während die Schokolade durch den Film fröhlich gestimmten Essern immer noch am besten schmeckte, mundete sie auch bei ein bisschen Angst (»Schweigen der Lämmer«) noch recht gut. Nur Trauer und Wut senkten die Lieblichkeit des fettigen Kakaoproduktes merklich, nämlich um ein Viertel. Letztlich verschlug es aber keinem der Teilnehmer ernstlich den Appetit, sodass sich immer wieder eins bewahrheitete: Schokolade bleibt Sieger, und selbst Männer wollen ihr nicht widerstehen.

• IG-GESAMTNOTE: Auch ein Gang ins Kino zeigt, dass die Forscher recht haben. Allerdings hätte man dort als Gegenstück für die durch den jeweiligen Film erzeugten Gefühle statt Schokolade die Menge verzehrten Popcorns oder von übertrieben gewürzten Maismehl-Dreiecken mit einer »Sauce« aus Pappe und Geschmacksverstärkern messen müssen. Dass die Versuchsleiter den Probanden die Ekel und Entsetzen bewirkende Qual des Verzehrs dieser undoften Produkte ersparten, ehrt sie.

Weil die Kollegen aus dem Ig-Gremium die geschmackvolle deutsche Studie durchrasseln ließen, fühle ich mich traurig und wütend. Zur Aufmunterung hilft selbst mir als Mann, wie nun bewiesen ist, ein Riegel zart schmelzender Vollmilchschoki. Auch wenn ich darauf gefühlsbedingt eigentlich keinen Appetit haben sollte: Da sie nun einmal eh im Schrank auf mich warten, leiste ich keinen unsinnigen Widerstand und mampfe die lustigen Stückchen einfach auf. Das Beste daran: Anders als manche Frauen habe ich dabei keine Schuldgefühle. Doch das ist eine andere Studie, die erst im nächsten Buch erzählt wird.

M. Macht (1999), »Characteristics of eating in anger, fear, sadness, and joy«. In: *Appetite*, Nr. 33, S. 129–139.

M. Macht, S. Roth, H. Ellgring (2002), »Chocolate eating in healthy men during experimentally induced sadness and joy«. In: *Appetite*, Nr. 39, S. 147–158.

M. Macht, D. Dettmer (2006), »Everyday mood and emotions after eating a chocolate bar or an apple«. In: *Appetite*, Nr. 46, S. 332–336.

RÄTSEL UND WUNDER: SCHOKOLADE

»Schokolade ist billiger als eine Therapie, und man braucht außerdem keinen Termin«, lautet ein Bonmot unter anglo-amerikanischen Nervenärzten und Psychologen. Aber auch in Zentraleuropa ist jeder davon überzeugt, dass Schokolade guttut, tröstet und mehr als nur Kummer heilen kann. Das hat der Pariser Feinschmecker Brillat-Savarin* schon vor etwa 200 Jahren gewusst:

»Wenn man zu viel Alkohol getrunken oder zu lange am Schreibtisch gesessen hat, wo man längst hätte schlafen sollen; wo man umnebelt ist, die Luft zu schwül und die Atmosphäre zum Schneiden erscheint; wo man sich wie im Zwang auf eine Idee eingeschossen hat und davon nicht loskommen kann; wo jemand derart leidet, dort sollte er eine satte Tasse heißer Schokolade zu sich nehmen – und Wunder werden geschehen.«

DIE STIMMUNG STEIGT

Besonders gut scheint die zuckrige Kakaozubereitung gegen Niedergeschlagenheit zu wirken. »Wir hatten zu dieser allerorts von Laien berichteten antidepressiven Wirkung vorab überhaupt keine Meinung«, berichten die psychiatrischen Kollegen Gordon und Isabella Parker und Heather Brotchie aus Australien. »Aber bei einer Untersuchung zur stimmungsverändernden Wirkung von Schokolade stießen wir immer wieder vor allem auf die Gute-Laune-Wirkung. Also haben wir uns durch alle wissenschaftlichen

Artikel, die wir dazu finden konnten (es waren 79), durchgewühlt.

Dabei fiel uns auf, dass die Kollegen seit etwas 15 Jahren die widersprüchlichsten Gründe für den oft unbändigen Schokoladenhunger angaben, darunter »unbewusste Selbstmedikation«, aber auch »Streben nach Lust«, Sucht nach einem unbekannten, in der Schokolade angeblich enthaltenen Stoff und eben die absichtliche Stimmungsaufhellung.

Wir glauben hingegen, dass die Lust auf Schokolade und die angeblichen Stimmungsänderungen zwar bei derselben Person und auch im selben Moment wie das Essen auftreten können. Es handelt sich aber um zwei verschiedene Vorgänge. Besonders die Stimmungsänderungen durch Schokolade sind unserer Auffassung nach dabei ungefähr so beständig wie ein Stückchen dieser Süßigkeit, das gerade im Mund schmilzt – nämlich äußerst kurzlebig.

Das ändert nichts an der Tatsache, dass Schokolade das mit Abstand am häufigsten begehrte Nahrungsmittel ist, das noch dazu durch nichts ersetzt werden kann. Man darf dabei die Lust auf Schokolade auch nicht mit der auf andere Süßigkeiten verwechseln, die kein Fett enthalten. Damit stehen sich beispielsweise Gummibärchen auf der einen und Schokolade, Eis und Kekse auf der anderen Seite gegenüber. Es ist nicht die Lust auf Kohlenhydrate, sondern auf Fett, die Suchende umtreibt.«

Was zeichnet Schokolade also aus? Zunächst hatte man die natürlichen Amine Koffein, Theobromin, Tyramin und Phenylethylamin im Auge. Sie regen unseren Geist und auch den Körper mild an. Allerdings zeigte sich in Labortests, dass die Mengen dieser Stoffe in Schokolade derart niedrig sind, dass sie erstens keine nennenswerte Wirkung entfalten können. Zweitens sind sie in viel höherer Menge in anderen Lebensmitteln enthalten. Damit scheiden diese Anreger als süchtig machendes Herz der Schokoladigkeit schon einmal aus.

Am Kakao selbst kann es auch nicht liegen, denn wenn man Menschen die Wahl gibt, werden sie immer Sorten auf Vollmilchbasis bevorzugen. Diese beinhalten aber deutlich weniger Kakao als herbere Sorten wie »Halbbitter« oder »Herrenschokolade«.

Eine letzte Erklärungsmöglichkeit wären noch drei Hochstimmung verursachende Substanzen aus Schokolade: Anandamid (eigentlich Arachidonylethanolamid, ein erst 1992 entdeckter, vom Körper gebildeter Nervenüberträger) und zwei verwandte Nervenüberträger. Diese Stoffe docken genau da an, wo auch einer der Wirkstoffe aus Cannabis (THC, siehe *Lachende Wissenschaft*, S. 74) sich wohl fühlt.

»Vielleicht führt das Anandamid in der Schokolade dazu, dass ihre ohnehin vorhandenen angenehmen Eigenschaften weiter verstärkt werden. So könnte sich die Stimmung vorübergehend heben«, meinten Emmanuelle di Tomaso und ihre Kollegen aus San Diego damals. »Ob diese reinen Vermutungen sich aber jemals bewahrheiten, können wir nicht vorhersagen. Immerhin sollte man den von uns entdeckten, unerwarteten Zusammenhang zwischen der Sucht nach Drogen und die Ähnlichkeiten zu anderen Gelüsten einmal näher untersuchen.«

Wie sich bei weiteren Untersuchungen zeigte, spricht aber leider genau das gemeinsame Andocken des Anandamids und seiner Verwandten gegen die Wirkung dieser Schokostoffe. Zwar können sie einerseits die Stimmung ein wenig heben. Zugleich kleistern sie dabei aber die froh machenden Plätze an den Zellen zu. Unter dem Strich bringen die von

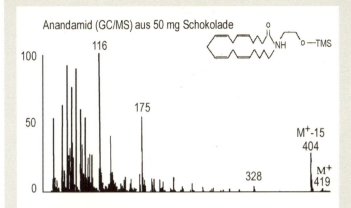

13. Gasspektroskopie/Massenspektroskopie (GC/MS) von 50 Milligramm Schokolade: Es findet sich der Nervenüberträger Anandamid. Abb. Benecke nach Emmanuelle di Tomaso u.a., 1996.

außen zugeführten Anandamide also genauso viel Freude, wie sie dabei durch die Blockade der Andockstellen wieder nehmen – eins zu eins sozusagen.

WIE STEHT'S MIT SEROTONIN?

Viele Leser wundern sich vielleicht, warum eigentlich nie von Serotonin die Rede ist. Dieser Stoff ist ebenfalls ein Nervenüberträger im menschlichen Körper. Er spielt eine große Rolle bei der Steuerung von Schlaf, Laune, Appetit und innerem Antrieb. Die auch unter Biologen oft gehörte Aussage dazu lautet, dass »Schokolade irgendwas mit Serotonin« zu tun habe, und auch in vielen populärwissenschaftlichen Artikeln wird diese Aussage seit über zehn Jahren weitergetragen.

Der Zusammenhang wurde hergestellt, weil im Körper nach der Aufnahme von Kohlenhydraten der Spiegel der Aminosäure Tryptophan steigt, die dann in Serotonin umgebaut wird. Wenn es dabei zu Störungen kommt, so die alte Überlegung, dann entsteht die Schokoladenlust: Der Körper will mehr Kohlenhydrate, um mehr Serotonin bilden zu können.

Irgendwie erscheint dieser Zusammenhang aber doch ein wenig zu weit hergeholt. Es hängt nämlich stark von der Art der Verstimmung ab, ob man mehr oder weniger Hunger hat.

Menschen mit echter, das heißt klinisch auffälliger Niedergeschlagenheit haben beispielsweise weniger Hunger, auch auf Schokolade. Hier könnte der Körper also wirklich einen Rettungsanker auswerfen und sich mit Schokolade aus dem seelischen Tal zu ziehen versuchen. Es gibt aber auch Arten der Niedergeschlagenheit, bei der Menschen gerade wegen der Depression mehr essen. Diesen Patienten muss man die Schokolade ausreden, um sie zu heilen.

Hinzu kommt, dass die Serotonin-Gläubigen eine wichtige Studie übersehen hatten. Es wurde nämlich schon 1985 gezeigt, dass man selbst bei strengsten Diäten, in denen man den Tryptophangehalt der Nahrung regelt, überhaupt keine Einflüsse auf die Stimmung bemerken konnte. Der Körper reagierte auf die Nahrungsänderung so langsam, dass eine die schnelle Schokolust erklärende Wirkung in wahrlich wilde Weiten wich.

Unterzieht man die Gehirne Schokolade essender Probanden einer Positronen-Emissions-Tomographie, so zeigt sich, dass verschiedene Hirnbereiche angesprochen wurden, je nachdem, ob die Versuchspersonen gerade Appetit auf die schmelzbaren Stückchen hatten oder nicht.

»Eigentlich ist die Annahme, dass Schokolade in Mund und Nase so angenehm schmilzt und riecht, schon eine ausreichende Erklärung für ihre Wirkung«, findet Psychiater

Gordon Parker daher. »Schokolade befriedigt bei fast allen Menschen sehr gut die Lust, hat einen anziehenden Geruch und ganz einmalige Aromen und Geschmäcker. Man muss dabei gar nicht fordern, dass die Fette oder der Zucker einen Energie-Mangel ausgleichen. Es genügt schon, die Freude auf die Schokolade und den Genuss als teils durch Lernen verstärkten Reiz anzusehen, um die Schokogier zu verstehen.

Dass es sich wirklich nicht vorwiegend um eine Energiequelle handelt, erkennt man auch daran, dass weiße und schwarze Schokolade nicht gleich gern gegessen werden, obwohl sie denselben Energiegehalt haben. Auch die psychisch anregenden Stoffe in der Schokolade und das ebenfalls enthaltene Magnesium lassen sich aus anderen Quellen problemlos und teils besser und in höheren Mengen beschaffen. Trotzdem bleibt immer die Schokolade das am meisten begehrte Nahrungsmittel.

Das geht so weit, dass bei einem echten Anfall von Schokohunger ausschließlich Schokolade zur Befriedigung dienen kann – es gibt keinen Ersatz, der diese eine Gier befriedigen könnte.

So kommt es, dass die Schokoladenlust aus zwei gleich wichtigen Teilen besteht: der Vorfreude und dem Essen. Wer daher Schokolade isst, um seine Stimmung zu heben, hat ein Problem. Im Kern gibt man damit bloß einer Laune nach, die auf Schwäche beruht. Das führt dann zu einem kurzen Moment des Wohlfühlens. Wegen der dann entstehenden, möglichen Schuldgefühle ist Schokolade aber sicher kein Mittel gegen Niedergeschlagenheit, sondern nicht mehr und nicht weniger als ein besonders leckeres Naschwerk.«

• IG-GESAMTNOTE: Lecker *und* stimmungshebend –
für die meisten Nichtpsychiater sicher kein Widerspruch.
Wer also nicht eh schon ein Schokolädchen in der Hand
oder im Mund hat (Vorfreude und Essen sind ja zwei
getrennte Freuden, siehe oben), der darf sich jetzt guten
Gewissens bedienen. Denn Reue hin oder her: Man kann
sich auch schlecht gelaunt an feiner Vollmilch freuen.

E. di Tomaso, M. Beltramo, D. Piomelli (1996), »Brain cannabinoids in chocolate«. In: *Nature*, Nr. 382, S. 677 f.

G. Parker, I. Parker, H. Brotchie (2006), »Mood state effect of chocolate«. In: *Journal of Affective Disorders*, Nr. 92, S. 149–159.

GUTES UND SCHLECHTES AN ALKOHOL

Menschen, die viel (aber nicht zu viel) trinken, verdienen mehr Geld und haben bessere Jobs. Warum das so ist, weiß keiner genau, denn der Zusammenhang ist unentwirrbar: Kommt zuerst der Alk und danach erst das höhere Einkommen, oder können sich reichere Menschen einfach mehr und besseren Alkohol leisten (siehe *Lachende Wissenschaft*, S. 146)? Vielleicht handelt es sich auch um ein Storchproblem*, und der Zusammenhang zwischen höherem Einkommen und Alkohol ist völlig zufällig. Eine weitere Eigentümlichkeit am Trunk ist, dass angeheiterte Männer Frauen für intelligenter halten.

Weil mir so etwas gefällt, folgen hier drei weitere Untersuchungen zum Thema, die zeigen, dass Ursache und Wirkung oft kaum auseinanderzuhalten sind – besonders, wenn es um alkoholische Charakter-Ausformungen geht, die eben viele Gründe haben können.

ALKOHOL LIEBENDE RATTEN LEBEN LÄNGER
(FINNLAND)

Die Kollegen Maija Sarviharju, Jarno Riikonen, Pia Jaatinen, David Sinclair, Antti Hervonen und Kalervo Kiianmaa von den Universitäten Helsinki und Tampere prüften, ob dauernder Alkoholgenuss irgendwelche messbaren Folgen hat.

Während jeder andere diese Studie für überflüssig gehalten hätte und besonders in Teilen der USA und manchen muslimischen Gegenden grundsätzlich geglaubt wird, dass Alkohol schlichtweg schlecht ist, sind die Finnen in dieser Sache naturgemäß aufgeschlossener. Anstatt zu glauben, testeten sie.

Allerdings zogen die Kollegen für ihre Versuche Ratten statt Menschen heran. Denn letztere sind im Laufe ihres Lebens zu vielen Einwirkungen ausgesetzt, an die sich selbst nicht erinnern (beispielsweise Lebensgewohnheiten in der Kindheit) oder die auch später kaum zu klären sind (Stress, Rauchen, Güte und Zusammensetzung von verzehrten Nahrungsmitteln und Getränken). Das könnte die Versuche ungewollt verfälschen.

Daher also Ratten, und zwar aus zwei verschiedenen Stämmen – der eine bestand aus Tieren, die darauf gezüchtet waren, von vornherein zehnmal lieber Alkohol zu trinken als ihre normalen vierbeinigen Kollegen (sogenannte A(lkohol)-Tiere), der andere setzte sich aus Tieren zusammen, die Alkohol verschmähten (NA-Tiere, No Alkohol).

Nun wurden die pelzigen Racker in zwei Untergruppen aufgeteilt und erhielten dort entweder nur zwölfprozentigen Alkohol (sonst nichts) oder nur Wasser (sonst nichts) als Getränk. Die zum Zwangssaufen verdonnerte Gruppe war dem – mit der Stärke von Rotwein doch recht ordentlichen – Lebenswasser vom 3. bis zum 24. Monat ihres Lebens ausgesetzt.

Danach wurden alle Ratten umgebracht und seziert. Tiere, die schon vor Ablauf der zwei Jahre starben, wurden ebenfalls aufgeschnitten und auf Krankheiten untersucht.

Die Ergebnisse der zweijährigen Trinkversuche waren ernüchternd. Ratten, die die ganze Zeit nichts als Alkohol getrunken hatten, lebten mindestens genauso lang wie zwangsabstinente Nager. Es war dabei sogar egal, ob sie ursprünglich aus der Zuchtlinie kamen, die sowieso dem Alk zusprach, oder dem veranlagungsbedingt Alkohol vermeidenden Stamm. Beide Tierstämme konnten fast zwei Jahre am Stück zum Saufen genötigt werden, ohne stärker zu erkranken als die Tiere, die nur Wasser erhalten hatten.

In einem Satz: Der Alkohol schadete nicht – weder den ge-

80

netisch erzeugten Schnapsnasen noch den ansonsten Alkohol meidenden Ratten.

Das wäre schon verblüffend genug. Allerdings toppten die Nager das Ganze noch gewaltig.

»Am aufregendsten fand ich unseren Zufallsbefund, dass Ratten, die gerne Alkohol tranken, fast viermal länger lebten als die Tiere, die aus der Alkohol ablehnenden Zuchtlinie stammten«, staunt Versuchsleiter David Sinclair. »Dabei war es egal, ob die Tiere in unserem Labor auch wirklich Alkohol erhielten oder nicht. Wenn sie *grundsätzlich* dem Trinken zugeneigt waren, dann lebten sie auch länger – egal, ob sie in Wahrheit Wasser oder Alkohol tranken.

Die alkoholisierten Ratten hatten zwar mehr Gehirnveränderungen und Tumore als die Tiere auf Wasserdiät. Diese beiden krankhaften Auffälligkeiten führten aber nicht dazu, dass die alkoholisierten Artgenossen früher starben. Trotz der Erkrankungen lebten sie durchschnittlich 3,6fach länger als die abstinenten Ratten.

Abgesehen von diesen bei der Sektion entdeckten Hirnveränderungen und Tumoren waren alle Ratten, egal welcher Sorte, also nur scheinbar gleich gesund. In Wahrheit ging es den Wasser trinkenden Tieren am schlechtesten. Sie starben deutlich früher als ihre alkoholischen Kumpane. Die dem Alkohol zugewandten Tiere hatten zwar Tumore und Nervenveränderungen, diese verkürzten aber ihr Leben nicht im Geringsten. Im Gegenteil: Sie hatten beispielsweise viel gesündere Nieren und litten deutlich seltener an Herz-Kreislauf-Erkrankungen.«

Ob die Alkohol liebenden Tiere ihren Stoff erhielten oder nicht, spielte für ihre vierfach verlängerte Lebensspanne keine Rolle: Sie lebten in jedem Fall länger. »Wir erklären uns das damit«, sagt Sinclair, »dass dieselben Gene, die bewirken, dass Ratten neigungsbedingt gerne Alkohol trinken, nebenbei auch das Leben verlängernde Wirkungen haben. Welche das sind, wissen wir aber noch nicht.

Auch, ob man die Befunde auf alle Alkohol liebenden Rattenlinien oder auf Menschen – und auch hier vor allem auf Alkoholiker – übertragen kann, wissen wir nicht. Es könnte beispielsweise sein, dass Ratten Alkohol anders verstoffwechseln als Menschen.«

Ein Hinweis darauf, dass Ratten beim Saufen tatsächlich anders als Humanoide gestrickt sind, ist die Beobachtung, dass Alkoholsucht bei Menschen oft auch mit seelischen Erkrankungen einhergeht. Das wurde bei den Ratten nicht beobachtet.

Auffällig ist auch, dass sich Ratten, anders als Menschen, nie derart mit Alkohol abschießen, dass sie völlig die Kontrolle verlieren. Das könnte bedeuten, dass Ratten Alkohol besser vertragen; es könnte aber auch heißen, dass sie eine eingebaute Sperre besitzen, die sie dazu bringt, rechtzeitig aufzuhören, wenn das Lämpchen zu sehr brennt.

Streng genommen ist noch nicht einmal bekannt, welches Gen die Ratten zu Alkoholikern (und Langlebenden) macht. Es gibt zwar Hinweise darauf, dass der DNA-Abschnitt GABRG3 bei Alkoholikern häufiger auftritt, hier stehen die Kollegen aber erst am Anfang ihrer Arbeit.

M. Sarviharju, J. Riikonen, P. Jaatinen, D. Sinclair, A. Hervonen, K. Kiianmaa (2004), »Survival of AA and ANA Rats During Lifelong Ethanol Exposure«. In: *Alcoholism: Clinical and Experimental Research*, Nr. 28, S. 93–97.

KNEIPENBRUTALITÄT BEI ENGLÄNDERINNEN

14. Der Autor, todesmutig in Huddersfield (West Yorkshire), bei Forschungen zum Thema »Kneipenbrutalität bei Engländerinnen«.

Diese Meldung aus dem März 2003 spricht für sich:

»London (dpa) – Der ungezügelte Alkoholkonsum britischer Frauen kostet den Steuerzahler jährlich vier Millionen Pfund (sechs Millionen Euro). Wie der *Daily Telegraph* berichtete, sind es oft feiernde Damen, die hinter Krawallen im Pub stecken. Dabei gebe es häufig schwere Verletzungen, deren Behandlung vom staatlichen Gesundheitswesen finanziert wird. Nach einer Studie der Universität Wales suchen sich die randalierenden Ladys selten männliche Opfer aus, greifen dafür aber umso öfter ihre Geschlechtsgenossinnen an. Viele Kneipenwirte haben die Notbremse gezogen: Sie lassen größere Frauengruppen nicht mehr rein.«

Anon (2003), »Randale betrunkener Britinnen«. In: dpa 191633, März 2003

ALKOHOL UND GESCHLECHTSKRANKHEITEN
(USA)

Obwohl die US-Amerikaner während der Prohibition erfahren mussten, dass die Verteufelung von Alkohol nur noch Schlimmeres – damals organisierte Kriminalität – gebiert, gibt es dort immer noch sehr deutliche und teils auch richtige Vorbehalte gegen das Volksrauschmittel. Leider schießen die Kollegen aber gerne übers Ziel hinaus, wie der von Präsident Bush geförderte »Jungfrauenschwur« (*virginity pledge*) zeigte: Je mehr Jugendliche schworen, bis zur Hochzeit ohne Sex zu leben, umso mehr Schwangerschaften und Geschlechtskrankheiten gab es (siehe S. 88 ff.).

Wer sich aber partout einbilden möchte, dass eine Sache nur schlechte Seiten hat, der wird dafür auch Belege finden. In der Kriminalistik und Psychologie heißt das selektive Wahrnehmung: Man sieht nur, was man sehen will. In den Naturwissenschaften handelt es sich meist um Storchprobleme*, also falsche Zusammenhänge zwischen zwei wirklich vorhandenen Tatsachen.

Die Annahme, welche die Forscher hier gerne bestätigt wissen wollten, war erneut die, dass Geschlechtskrankheiten immer dann gehäuft auftreten, wenn sich jemand danebenbenimmt. Die zugrunde liegende Logik ist bestechend:

1. Wer trinkt, ist enthemmt.
2. Wer enthemmt ist, hat »hochriskanten Sex, beispielsweise ohne Kondome oder mit mehreren Partnern« (O-Ton).
3. So kommt es zur Verbreitung von Geschlechtskrankheiten.

85

Da man diese Gedankenkette kaum widerlegen kann, dachten sich die Kollegen ein nettes Experiment aus. Überall dort, so vermuteten sie, wo auf Alkohol besonders hohe Steuern erhoben werden, müssten jüngere Leute (weil sie weniger Geld haben) erstens weniger trinken, zweitens weniger »hochriskanten Sex« durchführen und so drittens seltener an Geschlechtskrankheiten leiden.

Um Verzerrungen durch zu kleine Stichproben zu vermeiden, wurden Daten aus den Jahren 1981 bis 1995 aus allen fünfzig Staaten der USA und dem Distrikt Columbia gesammelt. Das ging, weil die Autoren Zugriff auf die Daten des Center for Disease Control und des Distilled Spirits Council of the United States hatten. Erfasst wurden dabei die Alkoholsteuern in den jeweiligen Staaten und die Menge der (stets meldepflichtigen) Gonorrhoe-Fälle. Die Krankheit heißt auch »Tripper« oder »Samenfluss«, weil die Bakterien sich mit Haftfädchen an den Schleimhäuten anbringen und dann tröpfchenförmigen Ausfluss erzeugen können. Die Krankheit ist in Europa, außer bei männlichen Homosexuellen, nicht so sehr verbreitet wie in den USA, wo sie bis zu zehnfach häufiger vorkommt als hier.

Tatsächlich zeigte sich, dass die Erhöhung der Biersteuer in drei Viertel der Fälle wirklich mit einer Verringerung der Tripper-Häufigkeit einherging. Besonders ausgeprägt war diese Erscheinung bei den 20- bis 24-jährigen US-Amerikanern. Aber auch unter den 15- (!) bis 19-jährigen Trinkern wirkte sich die Steuererhöhung gut auf ihren Genitalzustand aus: Bei ihnen sank die Tripperrate in immerhin noch zwei Drittel der Fälle. Am meisten profitierten übrigens die Männer vom teuren Bier – bei ihnen sank die Samenflussrate am meisten.

Auch eine etwas strengere Methode bewährte sich, nämlich die Einführung von Altersverboten. Setzte man das Mindest-Saufalter herauf, so kam es in immerhin gut der Hälfte dieser Bundesstaaten zu einer Trippersenkung.

»Wir haben es daraufhin genau durchgerechnet«, so die Kollegen. »Schon eine Verteuerung von drei Cent pro Bierdose senkt die Tripper-Häufigkeit um neun Prozent.« Zack!

P. Harrison, W. J. Kassler (2000), »Alcohol policy and sexually transmitted disease rates – United States, 1981–1995«. In: *Morbidity and Mortality Weekly Report*, Nr. 49, S. 346–349.

• IG-GESAMTNOTE: Da das Thema »Alkohol« von meinen Kollegen im Ig-Nobelausschuss für nicht lustig gehalten wird, ist hier nix zu holen, egal, ob es sich um pöbelnde Engländerinnen in Feen-Kostümchen, tripperverminderte Jugendliche in den USA oder langlebige Ratten aus Finnland handelt. Schade eigentlich – aber ich kann auch alleine und mit Alkohol glücklich sein. Prost!

Nachträge:

1. Für Forscher: p-Werte der obigen Aussagen großteils deutlich < 0,001.

2. Leser Andreas Slopianka sandte mir vor Kurzem eine Studie der Psychologen Jonathan Shedler und Jack Block (Universität Berkeley), die zeigt, dass mäßige Trinker zur Gruppe der sogenannten »Experimentierer« gehören, die – Zitat der Studie – »sozial integriert, vernünftig und charmant« waren. Psychisch angeknackst waren hingegen die Abstinenzler (»ängstlich, mürrisch, sozial unbegabt, gehemmt«) und die Süchtigen (»nicht lebhaft, nicht tatkräftig, nicht offen für neue Erfahrungen, stur«).

»Das könnte erklären«, ergänzt Leser Slopianka, »warum sowohl gnadenlose Säufer als auch Abstinenzler weniger verdienen beziehungsweise weniger erfolgreich sind (siehe *Lachende Wissenschaft*, S. 146): Die mäßigen Trinker scheinen einfach die stabileren Persönlichkeiten zu sein.«

DER JUNGFRAUENSCHWUR

»Ab sofort stellen wir doppelt so viel Geld für Enthaltsamkeitsschulungen zur Verfügung«, meldete George Bush jr. im Januar 2004 in seiner Ansprache zur Lage der Nation. »Es soll an jeder Schule gelehrt werden, dass der Verzicht auf Geschlechtsverkehr die sicherste Methode ist, um Geschlechtskrankheiten vorzubeugen.« 300 Millionen Dollar pro Jahr wurden seither für das hehre Ziel der Sexverhinderung ausgegeben.

Die Idee hinter dem Verzichtsprogramm ist, egal, ob sie einem in den Kram passt oder nicht, bestechend. Dass sie trotzdem nicht funktioniert, hat mehrere unerwartete Gründe. Der wichtigste: Jugendliche haben keine Angst vor gebrochenen Schwüren, wohl aber vor Kommentaren ihres Arztes und ihrer Eltern.

Dass irgendetwas mit dem Enthaltsamkeits-Plan schieflief, zeigte sich schnell. Es fiel auf, dass Kids, die in ihrer Schulklasse gelobt hatten, bis zur Ehe auf Sex zu verzichten, genau so oft schwanger wurden und an sexuell übertragbaren Krankheiten litten wie alle anderen. Das war unerklärlich – ohne Sex kann auch eine US-amerikanische Jugendliche nicht schwanger werden.

Forscherteams der aufgeklärten Universitäten Yale (New Haven) und Columbia (New York) folgten daher 12.000 Jugendlichen auf ihrem Weg durch die Pubertät vom 13. bis zum 19. Lebensjahr. Je nach Gegend der USA hatten bis zu 40 Prozent der Teens eine sogenannte Abstinenzkarte unterschrieben, in der sie dem vorehelichen Geschlechtsverkehr (GV) abgeschworen hatten.

»Natürlich erwarteten wir«, so die Psychologen Peter Bearman und Hannah Brückner, »dass Jugendliche mit Schwur anders gestrickt sind als solche ohne Schwur. Die Frage war nur, *was* sie unterscheidet.

Als wir die Daten aus unserer sehr großen Stichprobe auswerteten, wurden uns die Unterschiede schnell deutlich.«

Hier einige Beispiele:

1. Die »Jungfrauen und -männer« hatten vergleichsweise öfters Geschlechtskrankheiten (Chlamydien, Tripper, Trichomoniasis[1]) als die unbeschworene Gruppe.

Allerdings ließen sie sich seltener untersuchen: Sie gingen also nicht zum Arzt, wenn sie eine Geschlechtskrankheit wähnten. Selbst wenn sie also eine Geschlechtskrankheit hatten, wussten die »Schwörer« mit oder ohne Absicht und mangels Diagnose nichts Sicheres darüber.

Weil sie eben nicht zum Arzt gingen, wurden sie seltener behandelt. Damit stieg die Wahrscheinlichkeit, dass sie die Krankheit weitergaben.

2. Etwa ein Zehntel der Schwörenden heiratete tatsächlich, bevor sie das erste Mal Sex hatten.

Das taten sie allerdings nur, weil sie sowieso früh heiraten wollten, nicht etwa wegen des Schwures (an den sich die übrigen 90 Prozent der Schwörenden eh nicht hielten).

3. Die meisten Besitzer des Jungfrauenkärtchens verwendeten beim ersten GV keine Kondome. Dadurch stieg ihr Risiko, sich eine Geschlechtskrankheit zu fangen. Für den ersten GV der Damen galt zudem, dass sie auf die Pille verzichteten, sodass sie leichter schwanger wurden.

Der Grund war in beiden Fällen, dass die Jugendlichen entweder der Meinung waren, dass Verhütungsmittel unnötig seien (seltener Fall) oder dass sie sich schlicht nicht trauten, Kondome oder Pille zu erstehen – jeder wusste ja von ihrem Schwur. Um die Blamage zu vermeiden, versuchten die Kids es also ohne das wachsame Auge der Erwachsenen.

»Als Zwischenergebnis kann man feststellen«, so die Forscher, »dass die Pledgers unerwartet oft an Geschlechtskrankheiten leiden, obwohl sie manchmal früher heiraten, meist weniger Geschlechtspartner und oft erst später Sex haben als die Nicht-Schwörer. Obwohl sich die Geschlechtskrankheiten durch die Scheu erklären lassen, Verhütungsmittel zu benutzen, sahen wir uns das Ganze näher an.

Dabei zeigte sich, dass die Gefahr der Erkrankung dort am höchsten ist, wo die meisten Kids den Schwur abgelegt hatten. Es ist also der Mix aus Schwur, dadurch bedingt heimlichem und wiederum dadurch bedingt ungeschütztem Sex, der die Übertragungsrate in die Höhe treibt.

In einem Satz: Da, wo besonders viele Jugendliche den Jungfrauen-/Jungmännerschwur ablegen, unterschätzen umso mehr von ihnen das Risiko, das sie beim Sex eingehen.

In solchen Gegenden hilft es auch nichts, einfach ›nein‹ zu sagen. Die Durchseuchungsrate ist dort stets so hoch, dass nur Verhütungsmittel und Aufklärung, nicht aber Schwüre helfen.«

Weil das Jungferngelübde aber in erster Linie eine politische Aktion war, redeten die Forscher gegen eine Wand.

Am schönsten fand ich den Zufallsbefund, dass die Schwör-Bewegung 1993 in der Southern Baptist Church begann. Ganz leise, fein und irgendwo im Hinterkopf klingelte da ein Glöckchen bei mir. Nach einigem Wühlen fand ich, was mein Unterbewusstsein mir melden wollte: Angehörige der Southern Baptist Church sind genau diejenigen, die von allen praktizierenden Christen am häufigsten tätowiert sind – wenngleich meist mit religiösen Motiven (siehe S. 15 ff.).

Apropos: Ganz wirkungslos ist ein Virginity Pledge nicht. Diejenigen, die das Kärtchen unterschreiben, heiraten in der Tat früher und haben vor (und in) der Ehe weniger Geschlechtspartner – immerhin. Ob es dazu aber des Schwures und mittlerweile mehrerer Milliarden Dollar bedurft hätte, weiß niemand. Es könnte ja auch sein, dass die ohnehin braven Kinderlein brav geblieben wären, und alle anderen sich so entwickelt hätten, wie es eben ihrer Persönlichkeit entspricht – in beiden Fällen ganz ohne selbstgebastelte Jungfernkärtchen ...

• IG-GESAMTNOTE: Der Storch krächzt sein Lieblingslied, und diesmal sogar doppelt: Erstens bringt er keine Kinder und zweitens kann er nicht verhindern, dass mal wieder Ursache, Wirkung und Geschlechtskrankheiten dort herkommen, wo wir alle gleich sind: aus dem Nebel.

Die einzig sichere Methode der Entjungferung ist und bleibt damit die in den USA bei der Filmvorführung der Rocky Horror Picture Show durchgeführte: Wer den Film noch nie im Kino gesehen hat (»movie virgin«; DVD, Video und Fernsehen gelten nicht), muss vor der Leinwand stimmlich einen Orgasmus vortäuschen. Andernfalls wird er oder sie schmählich niedergebuht.

P. Bearman, H. Brückner (2001), »Promising the future: Virginity pledges and the transition to first intercourse«. In: *American Journal of Sociology*, Nr. 106, S. 859–912.

P. Bearman, H. Brückner (2005), »After the promise: The STD consequences of adolescent virginity pledges«. In: *Journal of Adolescent Health*, Nr. 36, S. 271–278.

M. Benecke (2000) »Sind etwa Jungfrauen im Saal? Seit 25 Jahren treffen sich in New York jeden Freitag und Samstag Teenager im Kino, um die Rocky Horror Picture Show mitzuspielen«. In: *Süddeutsche Zeitung*, Feuilleton-Beilage, 28./29. Oktober 2000, S. VII.

M. M. Bersamin, S. Walker, E. D. Waiters, D. A. Fisher, J. W. Grube (2005), »Promising to wait: virginity pledges and adolescent sexual behavior«. In: *Journal of Adolescent Health*, Nr. 36, S. 428–436.

D. Kirby, M. Korpi, P. B. Barth, H. H. Cagampang (1997), »The impact of the Postponing Sexual Involvement curriculum among youths in California«. In: *Family Planning Perspectives*, Nr. 29, S. 100–108.

R. Rector, K. A. Johnson (2005), »Adolescent virginity pledges, condom use and sexually transmitted diseases among young adults«. In: *Eighth Annual National Welfare Research and Evaluation Conference of the Administration for Children and Families*, U.S. Dept. of Health and Human Services, 14. Juni, 2005.

[1] Die Verbreitung dieser drei häufigen Krankheiten wird ohne Aufklärung und vernünftiges Gesundheitssystem weltweit (von allen Menschen) stark unterschätzt. Trichomoniasis: durch das Geißeltierchen *Trichomonas vaginalis* ausgelöst; Chlamydien: Familie von Bakterien, beispielsweise *Chlamydia trachomatis*; Tripper: auch Gonorrhoe genannt, ebenfalls bakteriell bewirkt, durch das Gonokokkum *Neisseria gonorrhoeae*.

ANAGRAMME IM LIEGEN

Vermutlich haben Sie sich in der deutsch synchronisierten Version des Angst erzeugenden Films »Das Schweigen der Lämmer« (vgl. »Männer mit Milchschokolade«) gefragt, was zur Hölle daran witzig ist, dass Hanibal Lecter die junge FBI-Agentin mit dem Namen »Ned Fisuleis«[1] foppt. Mit schon fast gespenstischem Gespür erkennt Clarice Starling, dass sie die Buchstaben dieses seltsamen Namens durcheinanderwürfeln muss, bis ein anderes Wort dabei herauskommt:

»Ihre Anagramme klären sich, Doktor. Ned Fisuleis? Eisensulfid, auch bekannt als Katzengold!«

Diesen für den Filmverlauf entscheidenden Dreh versteht allerdings nur, wer so klug ist wie zehn Film- und Fernsehermittler, deren Eltern Deutsch, Englisch, Logik und Verfahrenstechnik studiert haben. Denn erstens muss man wissen, wie Anagramme funktionieren (Buchstaben so lange vertauschen, bis ein anderes Wort entsteht). Durch die Buchstabenverdrehung wird aus »Ned Fisuleis« in der Tat Eisensulfid.

Allerdings muss man nun noch durch Probieren erraten, welches der diversen Eisensulfide gemeint ist, hier nämlich Eisen-(II)-disulfid. Wer das (wie auch immer) erraten hat, schlägt nun in der Wikipedia nach: Der Stoff diente früher zur Schwefelsäure-Herstellung. Hm. Was hat Schwefelsäure mit gehäuteten Leichen zu tun?

Um das Lectersche Rätsel zu knacken, muss man noch einmal um die Ecke denken. Denn Schwefelsäure meint der kannibalische Serienmörder ebenso wenig wie überhaupt das Wort »Eisendisulfid«. Stattdessen ist der *englische* Laien-Namen für

93

15. So glitzert es zum Schein: Ned Fisuleis' Katzengold. Foto: Hannes Grobe.

das Mineral gemeint, nämlich »fools gold«, also Deppengold – eine glitzernde Substanz, die nur Dummköpfe für Gold (oder im Film: eine scheinbar wertvolle Information) halten können.

Mit diesem ulkigen und endlos verdrehten Hinweis will der psychopathische Psychologe die FBI-Agentin ärgern und herausfordern. Das in der deutschen Version verwendete Wort »Katzengold« hilft den Zuschauern dabei nur bedingt weiter, weil die meisten Popcorn essenden Kinozuschauer wohl kaum wissen, welcher Stoff, geschweige denn welcher handlungstragende Hinweis mit »Katzengold« gemeint sein soll – goldene Katzen?

Ähnliche Gedanken plagten offenbar auch die Kollegen Lipnicki und Byrne von der australischen National University in

Canberra. Sie fragten sich, wie man Anagramme schneller und richtiger lösen kann. »Wenn man steht«, so die beiden Psychologen, »dann fließt das Blut von den oberen Körperbereichen in die unteren. Das ›bemerken‹ auch Dehnungsmelder in den Adern, Herz und Lunge. Sie bewirken dann eine Erhöhung des Herzschlages, damit der Kreislauf stabil und das Blut nicht ›in den Beinen‹ bleibt.«

Wenn man stattdessen ausgestreckt daliegt oder Spenderblut in die Adern gepumpt wird, dann stehen die körpereigenen Druckmelder im oberen Körperbereich wieder unter Druck. »Dadurch«, so die Forscher, »wird im Gehirn über den Hirnbereich *locus caeruleus* (»himmelblauer Ort«) weniger Nervenüberträger Noradrenalin ausgeschüttet. Man wird dadurch lahmer. Das ist auch der Grund, warum man im Liegen schneller einschläft als im Sitzen.«

Schon seit 2002 war bekannt, dass genau dieser »himmelblaue Ort« im Gehirn möglichst wenig arbeiten sollte, wenn man Anagramme lösen möchte, als Kollegen von mehreren Universitäten in den USA ihren Studenten erst die Medikamente Nadolol und Propranolol verabreichten und ihnen dann folgende Anagramme vorlegten:

IRBCK, NYOME, OSEOG, AADLS, EKRCE, HTRSI, ROYEMM, NHDLEA, SLAGS, NEHOY, ITAPO, THETE, NECFE, EIYDL, ZAZPI, TMOEL, OPNHE, MOBOR, MHBTU, GLAEE, GERUBR, SRREEA, NECICS, ATESTE, ORYCTAF, LETKLIS, CLEHIVE, WOERLF, CERCOS, KSTBEA, OPCILE, CNLPIE, AOGRNE, PPLEUR, IARTGU, KPNNIA, NNIEAC, SNIIOV, RBELRA, DUNTERH, WEEJYLR, LEGLOCE, KNECIHC, ILOADHY und NENTAAN.

Die genannten Medikamente sind Beta-Blocker, das heißt, sie senkten den Blutdruck und die Herzschlagrate der Versuchspersonen (VP). Weil man das auch durch entspanntes Zurücklehnen statt durch Chemie erreichen kann, wundert es nicht, dass die Teilnehmer mit Beta-Blockern im Blut die Rätselchen im Schnitt ein Drittel schneller lösten als ihre ungedopten Konkurrenten.

Ein Team australischer Kollegen folgte der in ihrem Land allgemein bekannten Tatsache, dass »leaned back« alles einfacher ist. Sie ließen daher die Medikamente weg und baten ihre Studenten, insgesamt 16 Aufgaben zu bearbeiten, die ihnen zufällig aus einem Topf mit 32 Anagrammen, also auf Worten beruhenden Problemen, und 32 mathematischen Rätseln gestellt wurden.

»Die Rechenaufgaben«, so die beiden Psychologen, »waren nicht sehr schwierig und enthielten immer zur Hälfte Zusammenzählungen und zur anderen Hälfte Minusaufgaben, beispielsweise 46 - 21 + 13 - 16. Bevor es ernst wurde, durften die Studenten im Sitzen zweimal üben. Dazu platzierten wir sie an einen normalen Labor-Schreibtisch. Für die Liegeaufgaben hatten wir eine Matratze auf den Boden gelegt. Den Bildschirm stellten wir auch auf den Boden und gaben den Studierenden noch ein Kissen, damit sie sich den Hals nicht so verrenken mussten.«

Damit das Ganze nicht ewig dauerte, hatten alle Probanden höchstens 45 Sekunden pro Rätsel Zeit. Danach erlosch die Aufgabe vom Monitor und eine neue begann. Wer es vor dieser Höchstzeit schaffte, konnte die Lösung notieren und das nächste Anagramm oder Mathe-Quiz schon früher aufrufen.

Ergebnis: Die Anagramme wurden im Stehen in durchschnittlich 29,4 Sekunden gelöst, während es im Liegen nur 26,3 Sekunden dauerte. Der Zeitgewinn betrug also drei Sekunden pro Worträtsel.

Bei den Rechenaufgaben war der Unterschied viel geringer, nämlich im Stehen im Mittel 17,9 versus 18,6 Sekunden.

»Wir können natürlich nicht ausschließen«, räumen die Forscher ein, »dass das Ganze nichts mit dem Herunterschalten der ›himmelblauen Region‹ im Liegen zu tun hat, sondern einfach damit, dass auf der Matratze das Gehirn stärker mit Blut und da-

16. Katzengold oder falsch gelöstes Anagramm – oder beides?

mit auch mit Sauerstoff versorgt wird. Es könnte auch sein, dass die Studenten im Liegen einfach mehr Spaß am Denken haben als im Sitzen. Weil wir das alles nicht wissen, regen wir dringend an, in diesem Gebiet noch ausführlich weiter zu forschen.

Wenn man berücksichtigt, dass Anagramme nicht durch Tüfteln, sondern durch plötzliche Einsicht, also eine Art Geistesblitz, gelöst werden, haben wir durch unsere Studie jedenfalls eines bewiesen: Im Liegen und beim Schlafen hat man die besten Ideen.

Ein gutes Beispiel dafür ist der griechische Mathematiker Archimedes. Während er in der Wanne lag, beobachtete er, dass die Menge Wassers, die über den Rand floss, dem Rauminhalt entsprach, den sein Körper unter Wasser verdrängte.

Unser Kollege Donnchadh O'Corrain hat auch noch andere Höchstleistungen herausgesucht, die im Liegen stattfanden.

Darunter war das Dichten der hochkomplizierten Liebesgesänge mittelalterlicher irischer Barden. Und er fand Beschreibungen über Jurastudenten, die seit dem späten 16. Jahrhundert auf Strohballen liegend büffelten.«

• IG-GESAMTNOTE: Liegen ist besser als sitzen: Nicht die neueste Erkenntnis, dafür aber nun wissenschaftlich untermauert. – Es gibt, bedingt durch Rechnerhilfe, übrigens mittlerweile ein meist humoristisches Betätigungsfeld, in dem die seltsamsten und teils auch gehässigsten Anagramme ermittelt werden. Hier einige Beispiele für Prominenten-Wortschüttler: »Das Paar Melonen« (Pamela Anderson), »Holt Aspirin« (Paris Hilton), »Lange Makrele« (Angela Merkel) oder »Oral Sex« (Axl Rose).

Wegen dieser computergestützten Ausuferungen ist es vielleicht zumindest für Anagramm-Spezialisten aus dem Humorbereich nicht mehr nötig, sich beim Ertüfteln neuer Varianten auf den Kopf zu stellen. Wem es trotzdem Spaß macht: Bitteschön. Ich werde derweil – mit beiden Beinen auf dem Boden – durchkämpfen, dass das Paper* von Darren Lipnicki und Don Byrne einen Ig-Nobelpreis für egal was erhält.

D. Q. Beversdorf, D. M. White, D. C. Chever, J. D. Hughes, R. A. Bornstein (2002), »Central Beta-Adrenergic Modulation of Cognitive Flexibility«. In: *Neuroreport*, Nr. 13, S. 2505–2507.

D. M. Lipnicki & D. G. Byrne (2005), »Thinking on your back: Solving anagrams faster when supine than when standing«. *Cognitive Brain Research*, Nr. 24, S. 719–722.

[1] Im Original lautet der Name des erfundenen Bösewichts »Louis Friend«, was als Anagramm umgestellt »Iron Sulfide« ergibt.

FEHLENDE VORHÄUTE

In vielen – übrigens auch einigen vorwiegend protestantischen – Gebieten der Welt ist die Vorhautbeschneidung bei Jungs gang und gäbe. Abgesehen von vorgeschobenen Hygienevorstellungen soll der Grund dafür sein, dass die sexuelle Erregung der Beschnittenen klein und deren Aufmerksamkeit also nicht ins Sexuelle abschweift, sondern bei der Arbeit bleibt. Eine irgendwie krumme Behauptung – was hat die Vorhaut mit Sexfantasien zu tun?

Die zugrunde liegende Annahme ist so einfach wie erstaunlich: Ohne Vorhaut soll man gegen die dann viel häufiger auftretenden Penisspitzenreibungen (gegen die Unterhose) abstumpfen. Die inneren Werte und Wünsche von Männern zählen in diesem zweifelhaften Denkgebilde mal wieder nix: Es genügt dem Durchschnittsmann offenbar, dass seine Hose gegen die Eichel drückt, und schon legt er auf der Suche nach einem Geschlechtspartner die Arbeit nieder.

Wo mein Verstand versagt, beginnt die Arbeit für die Kollegen. Für ein aktuelles Paper* tupfte ein nordamerikanisches Psychologen- und Ärzteteam vierzig Männern mit feinen Plastikstäbchen (Einweg-Filamenten) auf Penisschaft und -spitze und ermittelte, ab wann sie den zarten Druck erstmals wahrnahmen.

Um als Vergleich zu ermiteln, wie druckempfindlich andere Körperteile sind, benutzten sie den Unterarm dieser Personen – und zwar einmal in normalem, und dann in mittels Sexfilm erregtem Zustand. Dasselbe galt natürlich auch für die Penisse.

Ergebnis: Die Druckempfindlichkeit aller Penisse war immer

gleich. Unbeschnittene Männer hatten im Ruhezustand (ohne Sexfilmgucken) allerdings eine niedrigere Penistemperatur. Bei filmischer Anregung stieg diese Temperatur aber umso steiler an und lag dann wieder mit der Temperatur der beschnittenen Penisse auf einer Höhe.

Es ergab sich aber ein rätselhafter Nebenbefund: Die beschnittenen Männer reagierten empfindlicher auf Berührungen ihrer *Arme* als ihre unbeschnittenen Counterparts – hm!

»Zusammenfassend kann man sagen«, so die Projektleiterin Kimberley Paiyne und Kollege Yitzhak »Irv« Binik, »dass der angebliche Grund zur Beschneidung, nämlich die gewollte Abstumpfung des Gliedes, wohl unrichtig ist. Interessant finden wir, dass Menschen, die sexuell erregt sind, generell weniger empfindlich auf Berührungen reagieren. Hier sollten wir unbedingt noch weiter forschen. Denn kein Mensch kann abstreiten, dass ein unbeschnittener Penis anders gebaut ist als ein beschnittener. Irgendwo muss es Unterschiede geben – wir müssen sie nur finden...«

• IG-GESAMTNOTE: Das leider zu spät eingereichte Vorhaut-Paper habe ich zwar auch auf die Ig-Liste gesetzt – zuerst will ich aber noch eine Packung Einwegfilamente besorgen.

K. Payne, L. Thaler, T. Kukkonen, S. Carrier, Y. Binik (2005), »Sensation and sexual arousal in circumcised and uncircumcised men«. In: *The Journal of Sexual Medicine*, Nr. 4, S. 667–674.

M. Shainblum (2007), »McGill researchers use videos, high-tech sensors to measure arousal«. In: *McGill University*, 27. Juli 2007, o.B., o.S.

GIERIGE SUPPEN

Ähnlich unerwartet wie die Prüfung der Penisse verlief eine Untersuchung, bei der Probanden an der Cornell-Universität manipulierte Suppenteller vorgesetzt wurden. Während des Suppelöffelns füllten sich die teuflischen Apparate langsam durch einen unten angebrachten, zwei Zentimeter dicken Schlauch immer wieder nach.

Beim Essen wurde darauf geachtet, dass die Probanden sich im Labor wohl fühlten, denn es ist seit einer Studie aus dem Jahr 2003 bewiesen, dass man im Kreise seiner Lieben mehr isst als unter Fremden. Zudem wurden die Essenszeiten variiert (elf, zwölf oder dreizehn Uhr), die Schläuche nach jedem Versuch auf versteckte Luftblasen untersucht sowie eine allgemein beliebte Suppensorte (Tomate) gewählt. All dies, um wirklich das zu messen, was gemessen werden sollte: Würden die Probanden die Füllstandstäuschung erkennen oder einfach immer weiter essen?

Ergebnis: Es kam zum Fress-Overkill. Die per Schlauch ausgetricksten Probanden hatten am Ende im Schnitt dreiundsiebzig Prozent mehr Suppe gefuttert, waren aber trotzdem der Meinung, dass das Gegessene »genau« dem Inhalt nur *einer* der ihnen vorgesetzten Suppenteller (510 Gramm Suppe) entsprochen hatte. Tja.

17. Trickst auch den größten Topf aus: der Autor.

- IG-GESAMTNOTE: »Traue niemandem, vor allem nicht dir selbst«, ist mein von allen Studierenden allerdings bloß mit Augenrollen quittiertes Credo. Dass ich dennoch recht haben könnte, zeigen die zwei hübschen Ess- und Vorhaut-Experimente: Es ist eben wirklich alles relativ und anders, als mensch denken könnte. Daher ging 2007 ein Ig-Nobelpreis an die erfreuten Suppenkollegen.

B. Wasink, J. Painter, J. North (2005), »Bottomless bowls: Why visual cues of portion size may influence intake«. In: *Obesity Research*, Nr. 1, S. 93–100.

METEORITEN UND LOTTOGLÜCK

Die NASA – fast nie um abwegige Gründe für Geldeinwerbungen verlegen – verkündete Ende November 2006, dass »die Öffentlichkeit erwartet, dass wir fähige Astronauten haben, die Probleme mit Asteroiden bewältigen.« Das Gedankenbild vom Miniplaneten sprengenden Helden sollte sich dabei aufdrängen.

Doch wie wahrscheinlich ist es überhaupt, dass ein steinerner oder metallener Flugkörper die Erde trifft? Es ist unerwartet wahrscheinlich und passiert – allerdings mit kleineren Meteoren – auch laufend. Menschen wurden von diesen Mini-Objekten zwar noch nicht getötet, allerdings wurde im Oktober 1972 in Venezuela eine Kuh erschlagen, im Oktober 1992 in Malibu (New York State) ein Chevrolet verdellt und im November 1954 eine auf einem Sofa ruhende Frau an Arm und Hüfte gestreift (Alabama State). Immer zum Jahresende!

Grund zu fortgesetzter Panik gibt es reichlich. Im März 2004 schrammten beispielsweise zwei Asteroiden nur 43.000 und 6.500 Kilometer an der Erde vorbei, und am 16. März 2880 (kein Druckfehler) wird es erneut ernst: Die Kollisionswahrscheinlichkeit mit Objekt »29075 1950 DA« beträgt immerhin 0,33 Prozent.

Deswegen überlegt die NASA tatsächlich – »auch zur Überbrückung bis zum Flug zum Mars« –, einen Menschen auf einen Asteroiden zu senden. Der Raumfahrer soll diesen dann entweder mit einem Spiegel oder heller Farbe versehen. Die darauf prallenden Sonnenstrahlen lenken durch die winzigen Kraftstöße das extraterristische Gebilde im Laufe der Jahre in der Schwerelosigkeit so ab, dass es eine für die Erde ungefährliche Umlaufbahn erreicht.

103

Wer's nicht glaubt: Die Japaner haben am 12. September 2005 zumindest eine Asteroiden-Landung auf Objekt »25143 Itokawa« vorgemacht: »Hayabusa« (dt.: Falke) heißt die Raumsonde und das Suchwort bei google. Der japanische Falke ist derzeit auf dem Weg zurück zur Erde und trifft voraussichtlich 2010 wieder hier ein. Daumen und Ionendüsen drücken!

Nur einer macht sich keine Sorgen um auf die Erde einschlagende harte Gegenstände und geißelt die in seinen Augen künstlich angestachelte Hysterie. Der englische Politiker Lembit Opik rechnete nach und verkündete pragmatisch und schicksalsergeben:

»Die Frage ist doch überhaupt nicht, *ob* ein Asteroid auf der Erde einschlägt, sondern *wann*. Es ist 750-mal wahrscheinlicher, von einem Asteroiden getötet zu werden, als am Samstag im Lotto zu gewinnen.« Zack!

• IG-GESAMTNOTE: Unwirtlich und kalt ist sie, die anorganische Welt der Nicht-Biologie. Gut 800 Steinbrocken warten derzeit auf die Kollision mit der Erde. Die beunruhigende Lottostatistik von Lembit Opik habe ich daher blitzschnell ans Ig-Komitee durchgereicht; drücken Sie die Daumen, dass wir bis zur Abstimmung noch am Leben sind. Die nächsten Close Encounters stehen unmittelbar bevor... wer es nicht glaubt, darf sich auf der Website der NASA gerne selbst verrückt machen: http://neo.jpl.nasa.gov/

D. Morrison, C. R. Chapman, D. Steel, R. P. Binzel (2004), »Impacts and the Public: Communicating the Nature of the Impact Hazard«. In: M. J. S. Belton, T. H. Morgan, N. H. Samarasinha, D. K. Yeomans (Hrsg.), *Mitigation of Hazardous Comets and Asteroids*, Cambridge University Press (USA).

SPENDIERFREUDIGE MUTANTEN

Weder Menschen, die Weihnachten stets nur kümmerlich beschenkt werden, noch solche, die eigentlich lieber alles selbst behalten wollen, müssen sich ihrer Lage und Verfassung schämen. Es sind nämlich nur »die Drüsen« schuld, nicht der fiese Charakter. Das fand eine Riesengruppe von Kollegen (siebzehn Autoren!) heraus, als sie 203 Menschen, die sich nicht kannten, ein perfides Computerspielchen servierten. Den Forschern waren die Versuchspersonen hingegen mehr als nur wohl bekannt: Die Spieler mussten nämlich für das Experiment ihre DNA abgeben...

Im Verlauf des als Spiel getarnten Psycho-Gentests konnten die Teilnehmer zwölf Dollar Spielgeld entweder anonym spenden oder (teils bzw. ganz) behalten. Natürlich lief diese Spen-

105

de wie nebenbei ab, denn dieser eigentliche Sinn des Spiels – die Messung der Spendierfreude – durfte erst hinterher offenbar werden, damit die Teilnehmer nicht pfuschen konnten.

Ergebnis des Tests: Die Getesteten spendeten 44 Prozent mehr, wenn ihre Erbsubstanz eine Änderung des Gens AVPR1a (für Spezialisten: mit verlängertem Promotor) trugen. Dieses Gen ist die Bau-Anleitung für einen Vasopressin-Rezeptor-Antagonisten, das heißt für einen der Bausteine, die Lebewesen zu sozialem Tun anregen.

Das passt gut zu einem anderen Molekül, das ebenfalls das Verhalten stark beeinflusst: das Dopamin. Schon vor drei Jahren hatte sich nämlich herausgestellt, dass auch Veränderungen an Dopamin-Rezeptoren die Großzügigkeit beeinflussen. Da Dopamin-Andockstellen im Gehirn auch beim Belohnungslernen mitspielen, scheint also ein wunderschön verschränkter Effekt vorzuliegen:

Wer sozialer und großzügiger ist, lernt unter bestimmten genetischen Bedingungen leichter (AVPR1a-Veränderung), dass Geben seliger ist als Nehmen. Fehlt diese schon bei der Geburt vorprogrammierte Verdrahtung, dann kann die so ausgestattete Person halt nix dafür, wenn sie sparsam ist.

Doch selbst solche genetischen Geizer kann man zum Spenden bringen. Neben massenhaften Plakaten mit heulenden Kindern, die auf Gefühle statt Vernunft zielen, kennen wir in Deutschland eine besonders fiese Variante des sozialen Spendendrucks, die auch noch unter dem Mäntelchen des Pragmatismus daherkommt: der Hochzeitstisch. Von ihm kann jeder angeblich »frei« wählen - dumm nur, dass die Preise aller Produkte angegeben sind und so jeder Schenkende prüfen kann, wie viel Geld die anderen schon ausgegeben haben.

So kommt es, dass letztlich doch nur scheinbare Selbstlosigkeit entsteht: Je näher die Gebenden mit dem Jubelpaar verwandt oder sozial verbunden sind, desto teurer ist das Geschenk, das sie wählen – prüfen Sie es bei der nächsten Feier nach!

18. Genetisch spendierfreudig: die MitarbeiterInnen des kriminalbiologischen Labors.

• IG-GESAMTNOTE: Nachdem *Science*, eine der wichtigsten Forschungs-Zeitschriften, die Vielfalt des menschlichen Erbgutes zum wichtigsten Forschungsergebnis des Jahres 2007 gekürt hat, sind Genetizismen schwer im Kommen. Dem überstarken Glauben an Umweltprägungen, wie er vor dreißig Jahren populär war, bricht damit nun auch das letzte Krümelchen Boden weg. Ob das im Falle der rein genetischen Altruismusforschung aber für einen Ig-Nobelpreis reicht, muss sich noch zeigen. Mit dieser Auszeichnung geht unser Chef Marc Abrahams nämlich manchmal etwas sparsam um…

A. Knafo, S. Israel, A. Darvasi, R. Bachner-Melman, F. Uzefovsky, L. Cohen, E. Feldman, E. Lerer, E. Laiba, Y. Raz, L. Nemanov, I. Gritsenko, C. Dina,

G. Agam, B. Dean, G. Bornstein, R. P. Ebstein (2008), »Individual differences in allocation of funds in the dictator game associated with length of the argi-nine vasopressin 1a receptor RS3 promoter region and correlation between RS3 length and hippocampal mRNA«. In: *Genes, Brain and Behavior*, Nr. 7, S. 266–275.

R. Bachner-Melman, I. Gritsenko, L. Nemanov, A. H. Zohar, C. Dina, R. P. Ebstein (2005), »Dopaminergic polymorphisms associated with self-report measures of human altruism: a fresh phenotype for the dopamine D4 recep-tor«. In: *Molecular Psychiatry*, Nr. 10, S. 333–335.

EMOTIONEN IM OHR

Schon seit 1993 ist bekannt, dass Menschen eine Lüge besser erkennen können, wenn sie in ihr linkes (nicht das rechte) Ohr gesprochen wurde. Dazu hatte man an der Triester Universität mehrere Menschen experimentell behaupten lassen, ein ihnen vorgelegtes Foto gefalle Ihnen (oder eben nicht). Die Versuchspersonen (VP) wussten nicht, was auf den Bildern zu sehen war. Sie erkannten aber in 63 Prozent der Fälle dennoch, ob die Aussage stimmte oder nicht.

Die Daten zeigten allerdings zwei interessante Auffälligkeiten: Erstens gelang die Unterscheidung nur, wenn die Sprecher Männer waren – von Frauen ausgesprochene Unwahrheiten wurden von den VP, egal welchen Geschlechtes, fast nie erkannt. Zweitens schien es den Kollegen, als werde nicht die Lüge selbst, sondern nur der Grad der Emotionalität, der beim Lügen meist erhöht ist, von der rechten Hirnhälfte besser erkannt als von der linken.

Zwölf Jahre später knüpften Kollegen von der Sam Houston State University daran an und ließen diesmal Worte vorlesen, die zwar eine Emotion erzeugen, vom Sprecher aber gleichgültig, also ohne Gefühlsbeteiligung, aufgesagt wurden. Und wirklich: Die 62 »Versuchshörer« erinnerten sich hinterher immer dann besser an Worte wie das schöne »liebevoll«, wenn sie eben ins linke Ohr gesprochen wurden. Die offenbar hässlicheren Wörter »kombinieren« oder »vakant« wurden hingegen immer gleich schlecht erinnert, egal, in welches Ohr sie geflüstert worden waren.

Es verwundert daher auch nicht, dass Menschen mit Veränderungen im rechten Hirnteil oft Aussagen wörtlich nehmen, die eigentlich nur emotional gemeint waren – das älteste Problem bei der Verständigung der Geschlechter.

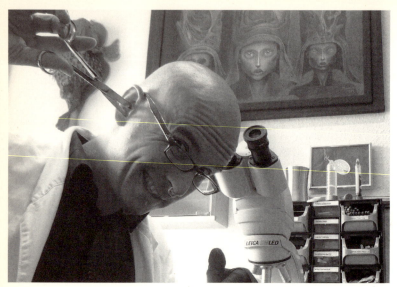

19. Verbesserungen des Hörvermögens helfen, Lügen zu erkennen – sofern sie von Männern ausgesprochen werden.

- IG-GESAMTNOTE: Endlich eine Ausrede, warum ich Telefonieren hasse (= Gefahr von Einflüsterungen!) und emotionale Zwischentöne nicht verstehen kann: Offenbar werde ich zu oft von rechts angelabert.

Wer sich das nicht vorstellen kann, möge gerne beim Autor oder Prof. Liss vorstellig werden, bei denen emotionale Worte nur Gleichmut, die Erwähnung von Vakanzen oder der Zahlenfolge 1530, 1827, 2187 hingegen freudiges Interesse bewirken. Viel Spaß beim Kombinieren!

T.-W. Sim, C. Martinez (2005), »Emotion words are remembered better in the left ear«. In: *Laterality*, Nr. 10, S. 149–159.

PERSÖNLICHKEITSMERKMALE VON HUNDEN

Jeder glaubt zu wissen, dass sein Wuffi vom Jagen träumt, wenn dieser schlummernd zuckt. Doch prüfen oder gar beweisen lässt sich das nicht. Aber mensch kann ja mal eins drunter anfangen. Erstens: Haben Hunde überhaupt eine Persönlichkeit, ist er zweitens mit dem menschlichen vergleichbar und damit drittens von Herrchen und Frauchen verstehbar?

Drei Kollegen aus Princeton, Texas und Berkeley taten sich daher zusammen und ließen Hundebesitzer und Fremde auf einem kleinen Parcours einschätzen, wie energiereich, liebevoll, emotional und intelligent die getesteten 78 Vierbeiner waren. Die genannten Eigenschaften sind deckungsgleich beziehungsweise angepasst an die »Big Four« des menschlichen Charakters Extraversion (Hinwendung nach Außen), Affektion (Angenehmsein, Zuwendungsfähigkeit), Neurotizismus (unter anderem: »wie anstrengend ist jemand«) und Intellekt/Offenheit.

Es zeigte sich, dass die Versuchspersonen (VP) sowohl Menschen als auch Hunde charakterlich einheitlich und somit »richtig« einschätzen konnten. Die Grundzüge der menschlichen Persönlichkeit sind also auch bei Hunden vorhanden – und umgekehrt: Entwicklungsgeschichtlich ältere Tiere tragen dieselben Persönlichkeitsmerkmale wie Menschen (vgl. dazu auch »Schlafzimmer spiegelt die Seele« in *Lachende Wissenschaft*, S. 124).

Vorurteile gegenüber Hunderassen spielten bei der Studie übrigens keine Rolle: Die manchen Wauzi-Arten gelegentlich zugeschriebenen Charakterzüge (lieb, dumm, umgänglich, anhänglich usw.; siehe Box ab S. 114) wurden durch Vorlegen von Hundefotos (also ohne echte, sich irgendwie benehmende

Tiere) vorab von den VP abgeschätzt und dann so in die Studie einbezogen, dass diese möglichen Vorurteile bei der Schlussberechnung kein Gewicht mehr hatten.

Nur einen kleinen Wermutstropfen gab es: »Wie gerne hätten wir auch mit Löwen oder Elefanten gearbeitet«, berichten die Kollegen, »aber Hunde waren leichter handhabbar – besonders in diesem frühen Stadium unserer Untersuchungen.«

• IG-GESAMTNOTE: Ach, lebte der alte Brehm doch noch! Möpse hielt er für hirnlos und Pudel für klug. Und den Leu, den er sich in jungen Jahren in Afrika hielt, peitschte Brehm einfach durch, wenn das knuffige Haustier einmal über die Stränge schlug. So einfach kann das sein – daher vermutlich kein Ig-Nobelpreis für die allzu persönlichkeitsorientierten psychologischen Kollegen.

S. D. Gosling, V. S. Y. Kwan & O. P. John (2003), »A dog's got personality: A cross-species comparative approach to personality judgments in dogs and humans«. In: *Journal of Personality and Social Psychology*, Nr. 85, S. 1161–1169.

B. Rammstedt, O. P. John (2007), »Measuring personality in one minute or less: A 10-item short version of the Big Five Inventory in English and German«. In: *Journal of Research in Personality*, Nr. 41, S. 203–212.

WUFFIS FREUNDE UND FEINDE

Vielleicht haben Sie sich im vorigen Experiment gewundert, dass die Hundecharakter-Forscher vor dem eigentlichen Versuch erst einmal ermittelten, welche Vorurteile Menschen gegenüber diesen Haustieren haben. Der Grund dafür ist, dass keine Verzerrungen bei der Hundebeschreibung entstehen sollen. Die menschlichen Beobachter sollten nur über die echten Hunde berichten und nicht ihre vorgefassten Meinungen über bestimmte Hunderassen abspulen. Dennoch flossen Vorurteile in die Beobachtung – die nie objektiv sein kann – mit ein und mussten deshalb herausgerechnet werden.

Unsere Wahrnehmung ist immer von Vorannahmen gefärbt, und wir können uns dagegen meist nicht wehren, weil wir überzeugt sind, dass wir Recht haben.

Besonders deutlich wird das, wenn Menschen ein fest gefügtes Urteil über andere Menschen haben, von denen sie nicht das Geringste wissen – abgesehen von anekdotischen und selektiv wahrgenommenen Berichten. Das glauben Sie nicht? Dann schreiben Sie doch einfach zehn »objektiv zutreffende« Tatsachen auf, die Ihnen zu Chinesen oder China auffallen. Alles klar?

Noch extremer (deswegen aber nicht unbedingt falscher) sind Vorurteile, die entstehen, wenn man sein Gegenüber zwar wirklich kennt, aber das Verhalten des anderen dennoch auslegt und bewertet. Das gilt nicht nur für Menschen, sondern auch für Katzen und Hunde. Deren Wünsche, Vorlieben und sonstige Charaktereigenschaften glauben ihre Besitzer gut zu kennen. Wie die Studie von Gosling zeigt (siehe oben: »Persönlichkeitsmerkmale von Hunden«), geben die Haustierbeobachter oft gleiche Charaktereinschätzungen ab. In Wirklichkeit werden wir aber nie erfahren, was unsere felligen – geschweige denn die entwicklungsgeschichtlich noch viel älteren, gefiederten – Freunde denken und fühlen. Wir können sie nicht fragen und bewegen uns daher immer nur in von Menschen aufgebauten Bewertungsgebäuden.

Mein Lieblingsbeispiel für den festen Glauben daran, dass ein Tier zu durchschauen und damit auch seelisch zu beschreiben ist, findet sich beim »alten« Brehm, also in dem von Tierforscher Alfred Brehm (1829–1884) noch selbst getexteten, mehrbändigen Werk *Illustrirtes Thierleben* (1864–1869). Ab der zweiten Auflage (zehn Bände, 1876–1879) hieß es *Brehms T(h)ierleben* und musste wegen des großen und verdienten Erfolges ab 1882 gleich nachgedruckt werden. Spätere Auflagen des »Brehm« aus den 1920er Jahren sind heute für einen Spottpreis zu haben, weil sie massenhaft als »Volks-« und »Schulausgaben« auf dem Markt waren und – politisch unverdächtig – in Urgroßomas Bücherregal die Zeiten überdauerten.

Die folgenden, von Brehm selbst verfassten Passagen (nur die Zwischenüberschriften wurden teilweise von mir eingefügt) zeigen, wie gut sich ein Mensch manchmal in seine Hunde hineindenken kann, aber auch, wie schnell er scheitert, wenn sich seine Beobachtungen mit Wertungen mischen. Die armen Möpse …

BREHM ÜBER HAUSHUNDE

• Allgemeines

Haushunde sind wachsam und können in einzelnen Abarten tückisch und falsch sein. Dem Menschen ergeben, aber ohne seinen Herrn zu kennen, Schläge nicht fürchtend, unersättlich und doch mit Geschicklichkeit lange zu hungern fähig, gehört zur Kennzeichnung des Nordhundes.

Der *Doggen* Art ist Treue bei wenig Verstand; sie sind ganz gute Wächter, wilde, mutige Gegner auf wilde Schweine, Löwen, Tiger und Panther; sie achten auch ihr eigenes Leben fast für nichts, merken auf jeden Wink des Auges und der Hand, wie vielmehr auf das Wort ihres Herrn, lassen auf den Mann sich abrichten, nehmen es mit drei, vier Mann auf, berücksichtigen Schüsse, Stiche und zerrissene Glieder nicht und balgen sich mit ihresgleichen gräulich herum. Sie sind sehr stark, reißen den Menschen zu Boden, erdrosseln ihn, bannen ihn, auf ihm herumspringend, auf einer Stelle, bis er erlöst wird, und halten rasende Wildschweine am Ohr fest. Leitsam sind sie in höchstem Grade. Sie haben ein wenig mehr Verstand, als man meint.

• Wachsamkeit und Eigenarten

Der Hundeleib ist für die Zeichnung und Ausstopfung schon zu geistig. Seine Seele ist unleugbar so vollkommen, wie die eines Säugetieres sein kann. Von keinem Tier können wir so oft sagen, dass ihm vom Menschen nichts mehr als die Sprache mangelt, von keinem Säugetier haben wir so viele Darstellungen aller Abänderungen, von keinem so eine außerordentliche Menge von Erzählungen, die uns seinen Verstand, sein Gedächtnis, seine Erinnerungskraft, sein Schließungsvermögen, seine Einbildungskraft oder sogar sittliche Eigenschaften, als da sind: Treue, Anhänglichkeit, Dankbarkeit, Wachsamkeit, Liebe zum Herrn, Geduld im Umgang mit Menschenkindern, Wut und Todeshass gegen die Feinde seines Herrn usw., kundtun sollen, weswegen kein Tier so oft als er dem Menschen als Muster vorgestellt wird. Wie viel wird uns von seiner Fähigkeit, zu lernen, erzählt!

Er tanzt, er trommelt, er geht auf dem Seile, er steht Wache, er erstürmt und verteidigt Festungen, er schießt Pistolen los; er dreht den Bratspieß, zieht den Wagen; er kennt die Noten, die Zahlen, Karten, Buchstaben; er holt dem Menschen die Mütze vom Kopfe, bringt Pantoffeln und versucht Stiefel und Schuhe wie ein Knecht auszuziehen; er versteht die Augen- und Mienensprache und noch gar vieles andere.

Gerade seine Verderbtheit, gerade seine List, sein Neid, Zorn, Hass, Geiz, seine Falschheit, Zanksucht, Geschicklichkeit, sein Leichtsinn, seine Neigung zum Stehlen, seine Fähigkeit, aller Welt freundlich zu sein usw. bringen ihm den gewöhnlichen Menschen nahe. Würmer, Käfer und Fische lobt und tadelt man nicht, aber den Hund!

Man denkt, es lohne sich der Mühe, ihn zu strafen und zu belohnen. Man gebraucht in Urteilen über ihn gerade die Ausdrücke, die man von dem Menschen braucht. Man macht ihn wegen seiner geistigen und sittlichen Vorzüge zum Reife- und Hausgenossen, zum Lebensgefährten und lieben Freunde; man lohnt ihm seine Liebe und Anhänglichkeit durch Anhänglichkeit und Liebe; man macht ihn zum Tischgenossen, man räumt ihm wohl gar eine Stelle im Bette ein; man kost ihn, pflegt ihn sorgfältig, gibt ihn an den Arzt, wenn er leidend ist, trauert mit ihm, um ihn und weint, wenn er gestorben; man setzt ihm ein Denkmal.

Nicht ein einziger Hund ist dem anderen weder körperlich noch geistig gleich. Jeder hat eigene Arten und Unarten. Oft sind sie die ärgsten Gegensätze, sodass die Hundebesitzer an ihren Hunden einen unersetzlichen Stoff zu gesellschaftlichen Gesprächen haben. Jeder hat einen noch gescheiteren! Doch erzählt etwa einer von seinem Hunde hundsdumme Streiche, dann ist jeder Hund ein großer Stoff zu einer Charakteristik, und wenn er ein merkwürdiges Schicksal erlebt, zu einer Lebensbeschreibung. Selbst in seinem Sterben kommen Eigenheiten vor.

• Seelische Unterschiede

Nur wer kein Auge hat, sieht die ihm ursprünglichen und entstandenen Eigenschaften nicht. Und welche Verschiedenheit einer und derselben Hundeart! Jeder *Pudel* z. B. hat Eigenschaften, Sonderbarkeiten, Unerklärbarkeiten; er ist schon viel ohne Anleitung. Er lehrt sich selbst, ahmt dem Menschen nach, drängt sich zum Lernen, liebt das Spiel, hat Launen, setzt sich etwas in den Kopf, will nichts lernen, tut dumm, empfindet Langeweile, will tätig sein, ist neugierig usw.

Einige können nicht hassen, andere nicht lieben; einige können verzeihen, andere nie. Sie können einander in Gefahren und zu Verrichtungen beistehen, zu Hilfe eilen, Mitleid fühlen, lachen und weinen oder Tränen vergießen, zur Freude jauchzen, aus Liebe zum verlorenen Herrn trauern, verhungern, alle Wunden für ihn verachten, den Menschen ihresgleichen weit vorziehen, und alle Begierden vor den Augen ihres Herrn in dem Zügel halten oder schweigen.

Der Pudel kann sich schämen, kennt Raum und Zeit vortrefflich, kennt die Stimme, den Ton der Glocke, den Schritt seines Herrn, die Art, wie er klingelt, kurz, er ist ein halber, ein Zweidrittelmensch. Er benutzt ja seinen Körper so gescheit wie der Mensch den seinigen und wendet seinen Verstand für seine Zwecke vollkommen an, doch mangelt ihm das letzte Drittel.

Wir müssen wesentlich verschiedene Geister, die nicht ineinander verwandelt werden können, unter den Hunden annehmen. Der Geist des Spitzes ist nicht der des Pudels; der Mops denkt und will anders als der Dachshund. Der Mops ist dumm, langsam, phlegmatisch, der Metzgerhund melancholisch, bittergallig, blutdurstig, der Spitz heftig, jähzornig, engherzig, bis in den Tod gehässig, der Pudel immer lustig, immer munter, alle Zeit durch der angenehmste Gesellschafter, aller Welt Freund, treu und untreu, dem Genusse ergeben, wie ein Kind nachahmend, zu Scherz und Possen stets aufgelegt, der Welt und allen ohne Ausnahme angehörig, während der Spitz nur seinem Hause, der Metzgerhund nur dem Tiere, der Dachshund nur der Erdhöhle, der Windhund nur dem Laufe, die Dogge nur dem Herrn, der Hühnerhund nur dem Feldhuhn angehört.

Bloß der Pudel befreundet sich mit allen Dingen, mit der Katze, dem Gegensatze, mit dem Pferde, dem Gefährten, mit dem Menschen, dem Herrn, mit dem Hause, es bewachend, mit dem Wasser, aus dessen Tiefe er gern Steine holt, mit dem Vogel des Himmels, zu dem er hoch hinaufspringt, ihn zu fangen, mit der Kutsche und dem Wagen, indem er unter ihnen herläuft.

Doggen vertreten Wächter, Soldaten, Mörder, bannen und erdrosseln Menschen. Die Windspiele und Jagdhunde vertreten die Jäger mit angeborenen Jägerbegabungen. Wie leicht sind sie an das Horn zu gewöhnen, wie achtsam sind sie auf den Schuss und jedes Jagdzeichen! Wie verstehen sie so genau alle Stimmen und Bewegungen des Wildes, wie geschickt ist der Hühnerhund, zu lernen, wie er das gefundene Tier anzeigen, festbannen, welches Bein er erheben oder vorstrecken muss, je nachdem er dieses oder jenes erblickt. Zwar lehrt ihn schon viel die Natur, und er muss gar nicht alles vom Menschen lernen, er lehrt sich manches selbst. Aber der Pudel lehrt sich selbst noch weit mehr, an ihm ist alles Seele, er macht nichts Dummes, oder nur, wenn er selbst es will.

In allen Hundearten ist mehr Trieb, in ihm mehr Verstand. Wie rast der Jagdhund der Jagd zu, wie tobt er keuchend, atemlos dem Wilde nach! Wie wütet die Dogge auf den Feind los! Wie niederträchtig umrennt der Metzgerhund mit lechzender, herabhängender Zunge und falschem Auge im Halbkreise die vor ihm angstvoll trippelnden Kälber! Wie roh fällt er sie an, wenn sie auf die Seite sich verirren, wie gleichgültig ist er gegen ihren Schmerz, ja er scheint ihm noch zu gefallen! Wie stürzt der Hühnerhund auf die erlegten Vögel, hingerissen von der Wut, sie zu erdrosseln!

Nichts von allem diesem Unedlen, Unwürdigen, Schimpflichen am Pudel, wenn er nicht verzogen wurde, wenn man ihn, sei es auch nur naturgemäß, seinem eigenen Genius überlassen hat. Der Pudel ist von Natur gut, jeder schlechte ist durch Menschen schlecht gemacht worden.

• Pudel

Ihn zu beschreiben erscheint unnötig, da er so ausgezeichnet ist, dass jedermann ihn kennt. Der gedrungene Körperbau mit den langen, wolligen, zottigen Haaren, die hier und da förmliche Locken bilden und den ganzen Hund dicht einhüllen, die langen und breiten Ohren kennzeichnen ihn vor seinen übrigen Verwandten. Ein schöner Pudel muss ganz weiß oder schwarz sein, oder darf höchstens bei ganz schwarzer Farbe einen weißen Stirn- oder Brustflecken haben.

Der Pudel bekundet durch seine Liebe für das Wasser seine Verwandtschaft mit den übrigen Seidenhunden. Er schwimmt gut und gern und kann wohl auch zur Jagd abgerichtet werden. Weit mehr eignet er sich zum Gesellschafter des Menschen, und als solcher leistet er das Größte, was überhaupt ein Tier zu leisten vermag. Um ihn zu kennzeichnen, borge ich mir die Worte Scheitlins, eines seiner wärmsten Verehrer:

»Der Pudel ist unter allen Hunden am besten gebaut. Er hat die schönste Kopfform, den wohlgebildetsten Leib, die schönste Gestalt, eine volle, breite, Brust, wohlgebaute Beine, ist nicht hoch und nicht niedrig, nicht lang und nicht kurz und stellt sich am würdigsten dar. Schon körperlich ist er zu allen Künsten vorzugsweise geeignet. Tanzen kann er von selbst lernen; denn seine halbmenschliche Natur treibt ihn, sich an seinem Herrn aufzurichten, auf zwei Beine zu stellen und aufrecht zu gehen. Bald genug merkt er, dass er es könne, und er tut es sehr oft von selbst, wenn er *will*.

Sein Geschmackssinn ist fein; er unterscheidet zwischen Speisen sehr genau; er ist ein Leckermaul. Sein Geruchssinn ist berühmt. Er kennt die Kinder seines Herrn durch ihn und findet mit Hilfe derselben seine verlorene Spur. Gibt man ihm von einem verlorenen Kinde einen Schuh oder sonst etwas zu riechen, so kann er durch die Festhaltung des Geruchs das verlorene Kind von selbst finden. Kaum jemals täuscht er sich: Ihm ist der Geruch als Erkennungsvermögen angewiesen.

Er fühlt auch fein. Für körperliche Schmerzen ist er sehr empfindlich; er ist wehleidig. Sein Gehör ist vortrefflich. Von weitem kennt der die Stimme, unterscheidet sie auch dem Sinn nach, kennt den Unterschied von Glocken und Klingeln, kennt die Art und Weise und den Ton des Schrittes seiner Hausgenossen. Aber sein Gesicht ist zurückgeblieben; er sieht nicht gut, erkennt seinen Herrn durch das Gesicht nur, wenn er ziemlich nahe ist.

Der Ortssinn ist im Pudel ausgezeichnet. Er findet den Weg nach Hause Stunden und Tage weit her. Er läuft in der Stadt oder auf dem Lande willkürlich herum und besucht, mit der Gewissheit zu finden, irgendein Haus, in dem er mit seinem Herrn, sei es auch nur einmal, gewesen, in dem ihm wohlgetan worden ist. Deshalb kann er abgerichtet werden, Brot beim Bäcker, Fleisch in der Fleischerei zu holen. Sein Zeitsinn ist merkwürdig; er merkt an den Tagen, dass der Sonntag kommt; er kennt, wie der hungrige Mensch, die Mittagsstunde und die Schlachttage im Schlachthause. Die Farben kennt er genau und unterscheidet die Dinge mit Hilfe derselben deutlich. Sonderbar ist der Eindruck der Musik auf ihn: manche Werkzeuge [Musikinstrumente] kann er wohl leiden, andere gar nicht.

Der Pudel hat ein außerordentlich scharfes Wahrnehmungsvermögen. Nichts entgeht ihm, und darum heißt er gescheit. Er ist ein vollkommener Beobachter und lernt deshalb nicht bloß die Worte, sondern auch die Mienen und Blicke seines Herrn ausgezeichnet verstehen. Sein Gedächtnis ist in hohem Grade treu. Jahrelang bleibt ihm die Form und die Farbe seines Herrn in der Seele; jahrelang verliert er den Weg irgendwohin nicht.

Man nennt den Hund schon wegen seines unterscheidenden Geruchssinns gescheit; wieviel mehr wird man ihn wegen seines getreuen Gedächtnisses gescheit nennen, da man ja im täglichen Leben jedes Kind mit gutem Gedächtnis und selbst einen dummen Gelehrten, d.h. Vielwisser, für gescheit hält. Dieses Gedächtnis ist eine Hauptursache zur Gelehrigkeit des Pudels. Doch bedarf er auch dazu Geduld,

Gutmütigkeit und Folgsamkeit. Er kann wirklich trommeln, Pistolen losschießen, an Leitern hinaufklettern, frei mit einer Schar Hunde eine Anhöhe, die von andern Hunden verteidigt wird, erstürmen und mit Kameraden eine Komödie spielen lernen.

Zwei Dinge kommen noch dazu: des Pudels Nachahmungssucht und sein Ehrgefühl, d.h. seine Eitelkeit. Immer schaut er seinen Herrn an, immer schaut er, was er tut, immer will er ihm zu Diensten stehen. Er ist der rechte Augendiener; er denkt, wie ein Kind vom Vater, was dieser tut, sei recht, er müsse oder dürfe es ebenfalls tun. Nimmt der Herr eine Kegelkugel, so nimmt er zwischen seine Pfoten auch eine, will sie anbeißen und plagt sich, wenn es ihm auch nicht gelingen will. Sucht jener Steine behufs wissenschaftlicher Behandlung, so sucht auch der Pudel Steine. Gräbt der Herr irgendwo, so fängt auch der Pudel mit den Pfoten zu graben an. Sitzt jener im Fenster, so springt auch dieser auf die Bank neben ihn, legt beide Tatzen aufs Gesimse und guckt ebenfalls in die schöne Aussicht hinaus. Er will auch einen Stock oder Korb tragen, weil er den Herrn oder die Köchin einen tragen sieht. Er trägt ihn sorgfältig, stellt ihn vor die Leute hin, geht von einer Person zur andern, um zu zeigen, wie geschickt er sei, und wedelt mit dem Schwanze selbstgefällig. Während des Tragens bekümmert er sich gar nicht um andere Hunde; er scheint sie als Taugenichtse zu verachten, sie aber scheinen ihn zu achten.

Der Pudel ist der geachtetste (aber nicht der gefürchtetste) und auch beliebteste Hund, weil er der gutmütigste ist. Kindern ist er ganz besonders lieb, weil er auf jede Weise sich necken und auf sich reiten, sich zupfen und zerren lässt, ohne zu knurren, zu beißen und ungeduldig zu werden. So gefräßig er ist, so kann man ihm doch das Fressen oft aus seinem Rachen wieder hervorholen, was sehr wenige Hunde zulassen. Den, der ihn einmal geschoren, kennt er für sein ganzes Leben und schaut ihn darum an, wo er ihn trifft. Kommt er nach Jahresfrist wieder ins Haus, um ihn zu scheren, so rennt er augenblicklich weg und verbirgt sich: er will nicht geschoren sein. Wird er krank und einem Arzte übergeben, so unterzieht er sich der Kur gutwillig, und wie der Drang merkt er schnell, was ihm dienlich sei. Kein Tier erkennt so schnell die Meisterschaft des Menschen, dass er ihm gehorchen solle und müsse, und dass der Gehorsam das Beste für ihn sei.

Sehr artig ist zu sehen, wie er seinen Herrn sucht. Er läuft mit gesenktem Kopfe die Straße entlang, steht still, besinnt sich, kehrt wieder um, bleibt an der andern Ecke der Straße wieder still stehen, denkt mehr, als er schaut, beschreibt Diagonalen, um schneller irgendwo zu sein usw..

Artig zu sehen ist auch, wenn er ausgehen will und nicht soll, seinen Herrn überlisten will, wie er ihn zu überschleichen sucht, tut, als wenn er nicht fort wolle, wenn man ihn nicht anschaut, plötzlich Reißaus nimmt oder mit füchsischer, überhündischer List an der Wand ein Bein aufhebt, damit man ihn hinausjage, und wenn man ihn hinausjagte, augenblicklich zum Schlachthause oder zu einer von seinen Buhlen läuft, wenn man ihm aber nicht glaubt, endlich alle Hoffnung entwischen zu können aufgibt, mit vollkommener Entsagung sich unter den Tisch legt. Er hat vollkommen wie ein Mensch gelogen.

Mit Prügeln kann man den Pudel nichts lehren; er ist nur ängstlich, verwirrt, tut immer weniger, ganz wie ein Kind, das weinend lernen muss. Doch listig tut er auch bisweilen ganz dumm. Mit Gutem kann man ihn sogar an Widriges gewöhnen und Dinge essen oder trinken lehren, die er sonst verschmäht. Manche Pudel werden und sind so recht eigentliche Kaffeefraubasen und ziehen dieses Getränk unbedingt jedem andern vor.

Sonderbar ist es, dass der Pudel, je gutmütiger und verständiger, um so weniger ein guter Hauswächter ist, desto minder auf den Menschen abgerichtet werden kann. Er liebt und schätzt alle Menschen; will man ihn gegen einen Menschen reizen, so schaut er nur seinen Herrn und dessen Gegner an, als ob er denke, es könne seinem Herrn nicht möglich sein, ihn auf einen seinesgleichen zu hetzen. Man könnte seinen Herrn morden, ohne dass er sich für ihn wehrte. Gegen seinen Herrn ist er stets unterwürfig im höchsten Grade, er fürchtet nicht nur die Schläge, sondern schon den Unwillen, das Wort, den drohend verweisenden Finger.

Der Pudel ist nie gern allein; immer sucht er Menschen auf. Er gibt sich nicht gern mit Hunden anderer Art ab, und will er spielen, so tut er es mit Pudeln, wenigstens vorzugsweise. Mit solchen erfreut er sich dann sehr. Andere Hunde scheint er zu hassen oder sie ihn.

Der Pudel liebt die Freiheit ungemein. Er kommt und geht wieder. An der Kette ist kein Hund gern, am allerwenigsten der Pudel, er versteht sich davon auf alle Weise loszumachen, und erprobt darin seine Künste, Stricke zu zerreißen und zu zerbeißen. Aus Schleifen zieht er den Kopf, er kann geradeso wie ein Mensch jauchzen, wenn er entkettet wird und vor Freude ganz unsinnig tun.«

Doch was ließe sich nicht über den Pudel noch alles sagen! Man könnte über ihn alleine ein ganzes Buch schreiben!

- Altjungfernhunde

Am tiefsten unter den Hunden steht unleugbar der *Mops*. Er ist durch geistige Versinkung entstanden und kann sich begreiflich durch sich selbst nicht heben. Er erfasst den Menschen nicht und der Mensch ihn nicht.

Er gehört zu den Doggen und ist das Zerrbild der Hunde, wenn ich so sagen kann, eigentlich der Bullebeißer im kleinen, mit ganz eigentümlich abgestumpfter Schnauze und schraubenförmig gerolltem Schwanze. Sein gedrungener kräftiger Bau und das misstrauische, mürrische Wesen macht ihn den Bulldoggen außerdem ähnlich.

Früher sehr verbreitet, ist der Mops gegenwärtig fast ausgestorben, zum Beweise dafür, dass Rassen entstehen und vergehen. Heutzutage soll das Tier besonders in Russland noch in ziemlicher Anzahl vorkommen; in Deutschland wird es nur hier und da gezüchtet und dürfte schwerlich wieder zu allgemeinem Ansehen gelangen; denn auch hinsichtlich dieses Hundes hat sich der Geschmack gebessert. Der Mops war der echte Altjungfernhund und ein treues Spiegelbild solcher Frauenzimmer, bei denen die Bezeichnung »Alte Jungfer« als Schmähwort gilt, launenhaft, unartig, verzärtelt und verhätschelt im höchsten Grade, jedem vernünftigen Menschen ein Greuel. Die Welt wird also nichts verlieren, wenn dieses abscheuliche Tier samt seiner Nachkommenschaft den Weg alles Fleisches geht.

Alfred Brehm (1927), *Brehms Tierleben*. Nach der zweiten Originalausgabe bearbeitet von Dr. Adolf Meyer. 24 Bd. in 12 Büchern. Hier: Bd. 4: *Säugetiere: Raubtiere: Hundeartige und Hyänen*. Sonderausgabe: Bibliothek der Naturwissenschaften, Gutenberg-Verlag, Hamburg, Wien, Zürich, Budapest.

FOTOBLINZLER

Jeder kennt das Problem: Auf dem Gruppenfoto der Familie sind zwar ausnahmsweise alle drauf – doch einige haben immer die Augen geschlossen. Nicht zwingend logisch, aber aus der Praxis bekannt: Es hilft, die Serienbildfunktion der Fotokamera zu aktivieren, und schon gibt's Bilder, auf denen alle Augen offen sind. Wie kann das sein?

Um – typisch Nicht-Nerd* – möglichst auf Experimente zu verzichten und das Ganze durch Nachdenken zu lösen, beschloss die Fotografin Nic Svenson, gleich an der Forschungsfront anzufragen. Dort fand sie in der riesigen Commonwealth Scientific and Industrial Research Organisation (CSIRO) in Australien ihren Ansprechpartner: Den postdoktorierenden und Rastamatte tragenden Physiker Piers Barnes. »Ich muss in meinem Job auch eine Menge Fotos machen«, erklärt Barnes sein Interesse. »Nic hatte bereits ermittelt, dass (beispielsweise durchs Fotografiertwerden) gestresste Menschen bei einer durchschnittlichen Blinzelzeit von 250/1000 Sekunden etwa zehn Mal pro Minute die Augen schließen.«

Zeit für eine Formel also. In diese flossen folgende Annahmen ein:

a) Die verwendete Kamera öffnet pro Foto für nur etwa 8/1000 Sekunden ihre Blende,

b) das Blinzeln aller zu einer fotografierten Gruppe zusammengefassten Menschen ist nicht aufeinander abgestimmt oder aneinandergekoppelt, und

c) auch die Pausen zwischen den Blinzelvorgängen in einer Gruppe sind zufällig verteilt.

Dann gilt bei x = Anzahl Augen-Zuklapper und t = Zeit, in der das Foto wegen eines Blinzelnden scheitert, dass die Wahrscheinlichkeit, dass niemand blinzelt, (1-xt) ist. Bei zwei Personen quadriert sich das Ganze zu $(1-xt)^2$, bei dreien $(1-xt)^3$ und so weiter.

Daraus entsteht dann eine Gaußverteilung*, bei der auf der einen Seite die Anzahl wahrscheinlich gelungener Bilder steht, auf der anderen die der vermutlich verblinzelten und in der Mitte die mit einer Halb-und-Halb-Chance, dass es geklappt hat.

Wer nun meint, dass Rechnen alle Probleme, erst recht so alltägliche, löst, der wurde nun ernüchtert. Denn will man mit einer Wahrscheinlichkeit von 99 Prozent alle in einer Gruppe Fotografierten offenen Auges abbilden, dann muss mensch Hunderte, wenn nicht sogar Tausende von Bildern machen. Machbar sind laut Formel nur Pulke bis höchstens dreißig Personen: Dort genügen »nur« durchschnittlich dreißig Auslösevorgänge, um zumindest *ein* brauchbares Bild zu erhalten. (Obwohl dann zwar alle die Augen aufhaben, aber einer trotzdem garantiert blöd guckt oder Faxen macht, aber das ist ein anderes Thema.)

Für kleine Gruppen (mit weniger als zwanzig Gästen) gilt folgende Faustregel:

Die Anzahl der nötigen Knipser (bei hellem Licht, was wegen der kürzeren Belichtungszeiten viele Bilder pro Sekunde ermöglicht) ist gleich der Anzahl der Menschen in der Gruppe geteilt durch drei. Bei weniger Licht lautet die Regel: Anzahl der Menschen geteilt durch zwei.

Für Gruppen mit mehr als zwanzig Menschen muss man, wie gesagt, mit etwa dreißig Bildern rechnen, um ein blinzelfreies zu erhalten. Für Gruppen über dreißig Personen hat alles keinen Sinn mehr, und man kann sich guten Gewissens, statt zu fotografieren, einfach dem leckeren Buffet des hoffentlich duften Familien- oder Kollegenfestes zuwenden.

• IG-GESAMTNOTE: Elegant und substanziell, wenngleich die Frage bleibt, ob man auf diese Weise auch unerwünschte Gesichter aus dem Bild rechnen kann.

Da Len Fisher für die Berechnung der optimalen Keks-tunkzeit anhand der Washburn-Formel für Kapillaren bereits den Spaßnobelpreis für Physik erhalten hatte (siehe *Lachende Wissenschaft*, S. 38), kamen wir bei dieser neuen, ähnlich elegan-ten Veröffentlichung in Zugzwang. Also gab's schnurstracks den Ig-Nobelpreis für Mathematik 2006 für Fishers Kollegen Barnes und die coole Fotografin.

P. Barnes, N. Svenson (2006), »Blink-free photos, guaranteed«. In: *Velocity* (Commonwealth Scientific and Industrial Research Organisation [CSIRO], Australia), Ausgabe Juni 2006, o.B., o.S.

INTERVIEW MIT IG-NOBELPREISBLINZLERN

Frage: Nic, warum sollte Eure Forschung irgendwen interessieren?

Nic Svenson: Was mich daran überzeugt hat, war, dass jeder, der schon einmal eine Kamera benutzt hat, weiß, dass immer jemand auf dem von dir gemachten Foto blinzelt, sobald sich eine Gruppe zusammenfindet.

Ich schreibe für die australische Forschungs-Organisation CSIRO und bin auch Fotografin. Weil Wissenschaft ein Teamsport ist, habe ich dabei eben viele Gruppenfotos geschossen. Die Blinzelei fing an, mich zu nerven, also überschlug ich erst einmal grob, wie viele Fotos ich schießen müsste. Ich dachte mir, dass es irgendwo bei der CSIRO doch jemanden geben müsste, der mir dabei helfen könnte. Dieser jemand war der Physiker Piers Barnes, der mit mir zusammen später dafür auch den Ig-Nobelpreis erhalten hat.

Frage: Piers, herzlichen Glückwunsch auch Dir. Wie lautete die Antwort auf Nics Frage?

Piers Barnes: Wir haben das auf eine sehr simple Faustregel heruntergebrochen. Was wir herausgefunden haben war, dass wenn man bei Gruppen unter zwanzig Personen die Anzahl der Personen nimmt und diese durch drei teilt, die Zahl der Fotos herauskommt, die man schießen muss, bis man nahezu sicher sein kann, dass eines der Fotos blinzelfrei ist.

Frage: Klingt nach einem recht komplizierten Verfahren. Hat es lange gedauert, das auszurechnen?

Piers Barnes: Es war gar nicht so schwierig. Wir brauchten einige Mittagspausen, um uns zu überlegen, wie wir das Problem überhaupt angehen sollten. Es lief dann aber tatsächlich auf erstaunlich einfache Mathematik hinaus.

Wir waren auch sehr angenehm überrascht, als wir eine Gruppe von Kollegen zum Tee in der Kantine zusammenbrachten, einige Fotos von ihnen schossen und die Anzahl derer, die auf den Bildern blinzelten, mehr oder weniger diejenige war, die wir rechnerisch vorhergesagt hatten.

Frage: Nic hat vorhin von der Frustration gesprochen, die wir alle empfinden, wenn wir Fotos von Hochzeiten in der Familie – oder was auch immer ansteht – machen und es fast unvermeidbar ist, dass jemand aus der Gruppe die Augen geschlossen hat. Eure Arbeit wird vermutlich Fotografen nicht helfen, dieses Problem zu lösen.

Piers Barnes: Nun ja, es wird ihnen nicht helfen, das Problem zu lösen, aber es wird ihnen hoffentlich eine Chance geben, weil sie vorgewarnt sind und nun so viele Bilder schießen können, wie notwendig sind.

Es ist aber offensichtlich, dass, sobald die Gruppe groß ist, man eine irre Menge Fotos machen muss, bis man sich sicher sein kann, dass ein Gutes dabei ist, ohne dass die Gruppe dabei die Geduld verliert. So gesehen hilft die Rechnerei nicht unbedingt besonders viel.

Einer unserer Kollegen wies jedoch zu Recht darauf hin, dass wenn die Gruppen immer größer werden, es immer weniger wichtig ist, ob nun jemand blinzelt oder nicht, weil die Personen im Bild immer kleiner werden und man die Augen dann sowieso nicht mehr erkennen kann.

Frage: Neigen Menschen denn mehr oder weniger als sonst dazu, zu blinzeln, wenn sie in eine Kamera schauen?

Piers Barnes: Na ja, es macht sie vielleicht eher ein wenig nervöser, aber das ist einer der Faktoren, die wir ganz einfach in unsere Überlegungen einbauen konnten. Nic rief einen Psychologen an und fragte ihn nach der Blinzelrate eines durchschnittlichen Menschen. Der sagte, dass man in ruhigem Zustand sechsmal pro Minute blinzelt und fünfzehnmal, wenn man aufgeregt ist.

So haben wir uns für einen Wert, der ungefähr in der Mitte liegt, entschieden, und zehnmal Blinzeln pro Minute für unsere Berechnungen angenommen.

Frage: Der Ig-Nobelpreis kommt als eine zunächst lustige Auszeichnung rüber. Aber es gibt auch eine ernsthafte Seite, und zudem bringt er eine Menge Anerkennung mit sich, oder?

Nic Svenson: Absolut. *Nature** beschrieb den Preis mit »no cash but much cache« (»Keine Kohle, dafür Ruhm und Ehre«). Wir hoffen natürlich, dass wir ein wenig von dem Ruhm und der Ehre abbekommen.

Der Preis hat tatsächlich eine ernsthafte Seite, und zwar hauptsächlich, die Leute zum Denken zu inspirieren, indem man sie zuerst zum Lachen bringt, was natürlich eine tolle Methode ist, um die Aufmerksamkeit von jemandem zu bekommen.

Die Idee ist, Dinge in Frage zu stellen, die einem begegnen, und nicht alles blind zu akzeptieren, was einem eine Autoritätsperson, beispielsweise ein Wissenschaftler, erzählt.

Frage: Ich habe gehört, dass es bei der Zeremonie ein wenig seltsam zuging. Es gab Berichte, dass die Bühne von Papierflugzeuggeschwadern bombardiert wurde. Was war da los?

Nic Svenson: Ja, die Papierflieger sind offenbar so was wie eine Tradition. Das Publikum wirft sie auf jeden, der auf der Bühne steht. Wenn die Leute, wie zum Beispiel wir, nichts Besseres zu tun haben, dann werfen sie die Flieger zurück.

Frage: Erzähl mir kurz etwas über die anderen Gewinner.

Nic Svenson: Unter den Gewinnern war auch ein Typ aus Kalifornien, der herausgefunden hat, warum Spechte keine Kopfschmerzen bekommen. Es war eine Frau aus Kuwait da, die erforscht hat, dass Mistkäfer in Wahrheit sehr wählerisch sind, was ihre Nahrung angeht. Und ein Typ aus Holland hat den Beweis dafür erbracht, dass Mücken genauso von Stinkefüßen angezogen werden wie von Limburger Käse[1].

[1] Vgl. »Mücken und Limburger Käse«. In: *Lachende Wissenschaft*, S. 120.

GAFFENDE LAFFEN

Welch herber Nerd* ich bin, stellte sich kürzlich auf der Jahrestagung der Forensiker in San Antonio (USA) heraus. Die Leute sprachen mich mit »Hi, Britney« an, was ich selbstverständlich auf mein sportives Jäckchen bezog.

In Wahrheit lachte man mich aber wegen der von mir für kühlend und praktisch gehaltenen Glatze aus, die sich auch Frau Spears kurz zuvor hatte rasieren lassen. Das wusste ich aber nicht, da mich Promis und deren meist ziemlich blöde Leben nicht interessieren. Das macht mich zum sozialen Outcast.

Gekränkt durchwühlte ich die Datenbank *Medline* für biomedizinische Forschungsberichte, um zu beweisen, dass Interesse für Promis ein evolutionärer Rückschritt ist.

Und wirklich:

Männliche Rhesusaffen ließen sich an der Duke University zwar nur durch Bestechung mit einem leckeren Fruchtsaft dazu bringen, Fotos von rangniedrigen – das heißt unprominenten – Mitaffen anzusehen. Soweit noch keine Überraschung.

Ganz anders jedoch, als es um (möglichst lange) Blicke auf Fotos ihrer sozial höher stehenden Gruppenkollegen ging. Für diese erwünschten Blicke tauschten unsere haarigen Vettern sogar ihren Saft ein. Genauer gesagt bezahlten sie durch freiwilligen Verzicht auf die Leckerei für Blicke in die von den Nervenforschern erstellten Affen-Illustrierten. Der Tausch »Saft gegen Fotos gucken« wurde sogar von durstigen Affen durchgeführt.

Dass das fürs Promi-Anglotzen geopferte Getränk wirklich eine gültige Währung ist, zeigte sich übrigens daran, dass die

20. Annette Tietz und der Autor locken Rhesusaffen mit verschiedenen Säften.

männlichen Tiere auch dann auf den Saft verzichteten, wenn sie dafür im Tausch weibliche Affenhinterteile ansehen durften.

• IG-GESAMTNOTE: Erstens: Der Mensch benimmt sich (vor allem bei den Zeitschriften »im Wartezimmer«) wie die Rhesusaffen.

Zweitens: Kein Wunder, dass die Texte in den Klatschblättchen so hirnrissig sind – es geht evolutionär programmiert eh nur ums Bildchengucken.

Drittens: Wenn man von internationalen Kollegen »Britney« getauft wird, muss das nix Schlechtes heißen, sondern spricht für eine – gegebenenfalls allerdings obskure – Prominenz.

HUNGER GEGEN MODEL-MAGERSUCHT

Die Diskussionen um bulemische, anorektische und hunger-hakige Models haben einen interessanten Dreh. Den Psychologen Viren Swami (Universität London) und Martin Tovée (damals Universität Newcastle) war nämlich aufgefallen, dass es keineswegs kulturelle Vorlieben sind, die einem Mann rundliche Frauen attraktiv erscheinen lassen. Stattdessen ist es Hunger, der die vollen Formen appetitlich macht. Doch eins nach dem anderen.

Das Ganze begann, als die beiden Kollegen 61 Versuchspersonen 50 Frauen zum Anschauen präsentierten. Diejenigen Betrachter mit höherem Einkommen sahen dabei lieber dünne Damen an. Wer hingegen sozial schlechter gestellt war und weniger verdiente, bevorzugte beim weiblichen Gegenüber üppige Formen.

Dieser Befund war rätselhaft. Warum soll es einen Zusammenhang zwischen Einkommen und Vorlieben für Körpergewicht geben?

Weil schon länger bekannt ist, dass der Umfang der weiblichen Hüfte und Taille bei heterosexuellen Männern ein Kriterium bei der Wahl eines Sexualpartners ist, prüften die Forscher daher zunächst, ob nicht das Körpergewicht, sondern die Kurvigkeit ihrer Models für die Probanden ausschlaggebend gewesen war. Doch das war nicht der Fall. Auch nach aufwändiger Rechnerei blieb es dabei, dass die ärmeren Menschen lieber Dicke ansahen und die reicheren lieber dünne. Entscheidend war die Kilogrammangabe auf der Waage.

Selbst die stets mit »Schönheit« assoziierte Gesichts-

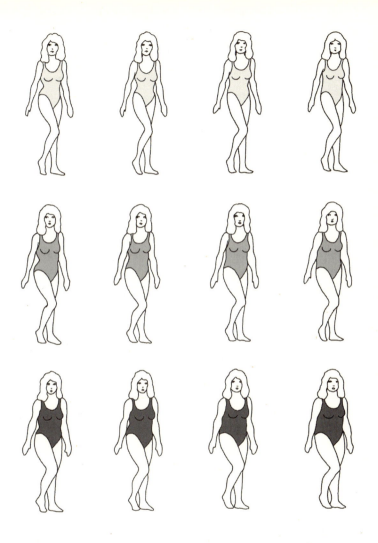

20. Von oben nach unten: Zunehmender Body-Mass-Index (BMI). Von links nach rechts: Abnehmende Taille. Bevorzugt werden weltweit nicht die mageren, sondern die durchschnittlich gebauten Mädchen. Abb.: Lisa Fuß nach D. Singh (1993).

symmetrie (siehe *Lachende Wissenschaft*, S. 117) konnte keinen Einfluss gehabt haben, weil die Köpfe der von den Versuchspersonen betrachteten Models abgedeckt waren.

Da die Forscher Erfahrung mit Schönheitsidealen in vielen Ländern, darunter auch sehr armen, haben, überlegten sie als nächstes, ob ein beleibter Körper einfach deshalb anziehend wirken kann, weil er signalisiert, dass die betreffende Person wohlhabend ist: Wer mehr Geld hat, kann mehr essen. Er oder sie kann aber zugleich auch einen Partner und eine Familie mit mehr Nahrung versorgen. Und *das* macht sie *richtig* sexy.

Klingt logisch – doch es steckt ein kultureller Denkfehler darin. Denn wenn dick gleich sexy bedeutet, warum bevorzugen reichere Menschen dann dünne – und demnach weniger sexy wirkende – Partner? Übertrieben gesagt: Warum suchen sich dicke Millionäre dünne, unattraktive Würstchen als Gefährtinnen?

Die beiden Kollegen erklären sich das damit, dass Wohlgenährtsein zwar anzeigt, dass es in der Region, in der die Dicken leben, für *alle* Menschen mehr zu futtern gibt. Dabei handelt es sich aber weniger um eine persönliche als vielmehr eine auf eine Gruppe wirkende Erscheinung. Die Vorliebe von Dünnen für Dicke stammt damit aus Zeiten und Gegenden, in denen man sich eben dort wohlfühlte (und danach sehnte), wo es genügend Essen für alle – nicht nur für einzelne – gab. Wer Dicke mag, will also einfach selbst mehr essen.

Nun fragt sich aber immer noch, warum Dicke lieber dünne Models anschauen. Dabei handelt es sich um eine moderne, kulturelle Verdrehung, die mit dem Wunsch nach Nahrung nichts mehr zu tun hat. Dass man Dünne für hübsch hält, stammt nämlich aus jener Zeit, als dicke Menschen aus ländlichen Gebieten (in denen es stets reichlich Wurst und Brot gab), fälschlicherweise die Coolness von Großstädten mit den dort anzutreffenden Mageren in Verbindung brachten. Dass die Dünnen in Großstädten allerdings in Wahrheit durch Krankheit, Hunger und sozialen Abstieg so aussahen (und nicht, weil sie lässig waren), erschloss sich dem ländlichen Großstadtbesucher nicht.

So entstand die folgende, von Anfang an unrichtige und auf falschen Annahmen beruhende Gedankenverbindung: »Erstens: In der Großstadt ist alles besser. Zweitens: Wenn dort, wo alles besser ist, alle dünn sind, dann ist dünn sein besser als dick sein. Drittens: Dünn ist schick und erstrebenswert und beweist sozialen Aufstieg.«

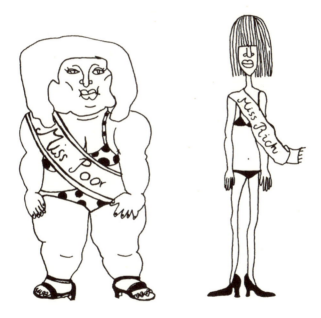

In Wirklichkeit symbolisieren die zahnstocherdünnen Models also, aus einem Irrtum geboren, statt Freiheit und Glamour eigentlich bloß das Elend in Großstädten mit Armut, Kummer und verlausten Nachtlagern.

Niemand ist aber den unsinnigen, bloß aus Hunger oder wahlweise einem kulturellen Irrtum entstandenen Schönheitswünschen ausgeliefert. »Was man denkt, will und interessant findet«, sagt Martin Tovée, »hängt eigentlich eh vom Stoffwechsel ab. Bei der Wahl, wen man schön findet, spielen besonders Blutzucker und Hormonspiegel eine Rolle. Diese beiden stehen aber direkt mit Hunger in Zusammenhang.«

Das bedeutet aber auch, dass sich die Vorlieben für Körpergewichte abhängig vom persönlichen Hungerzustand verstärken oder abschwächen. Daher mein Tipp: Vor Modeschauen keine Häppchen mehr servieren, sondern die Zuschauer gezielt hungrig halten. Unweigerlich werden sich die Besucher dann von überdünnen Personen abwenden und so lange Terror machen, bis endlich Frauen mit Rundungen über den Steg stolzieren.

• IG-GESAMTNOTE: Zack, recht so! Ich als Nerd sehe es natürlich noch ganz anders und achte bei der Partnerinnenwahl – auch wenn ich dafür von allen ausgelacht werde – nicht auf das Körpergewicht oder die Taille, sondern nur auf die inneren Werte. Glaube ich zumindest.

D. Singh (1993), »Adaptive significance of female physical attractiveness: Role of hip-to-waist ratio«. In: *Journal of Personality and Social Psychology*, Nr. 65, S. 293–307.

V. Swami, M. Tovée (2006), »Does hunger influence judgments of female physical attractiveness?«. In: *British Journal of Psychology*, Nr. 97, S. 353–363.

TRINKEN MACHT SCHLAU

Wenn Frauen in Stimmung sind, ist es ihnen recht wurscht, ob der Typ an der Bar wie George Clooney aussieht oder nicht: Er wird im sexuellen Ernstfall einfach abgeschleppt.

Männer kennen Ähnliches, reden sich zusätzlich aber ein, man könne sich die unter ungünstigen Bedingungen auserwählte Bettpartnerin mittels Spirituosen »schön trinken«.

Die Psychologen R. S. Friedman und D. M. McCarthy von der Universität Missouri sowie J. Förster (damals Bremen, mittlerweile Uni Amsterdam) und M. Denzler (auch Uni Bremen) testeten daher, ob es wirklich einen Zusammenhang zwischen Alkohol und Sex gibt. 82 junge Männer – vielleicht in der Annahme, dass es in dieser Gruppe besonders viele saufende Lüstlinge gäbe, vielleicht aber auch nur, weil die Studenten leicht verfügbare Versuchspersonen (VP) waren – unterzogen sich daher zunächst einmal einem Persönlichkeitstest. Der Fragebogen bestand aus 200 Aussagen, die neben Charaktereigenschaften auch das Trinkverhalten maßen. Elf Prozent der Probanden hatten entweder noch nie oder nur maximal viermal in ihrem Leben Alkohol getrunken, während der Großteil von ihnen (65 Prozent) angeblich nur »ein bis zwei Mal pro Woche« trank. Weil das aber schon die höchstmögliche im Bogen vorgesehene Trinkhäufigkeit war, wäre es auch vorstellbar, dass sich noch mehr Bier oder Schnaps trinkende Studenten unter ihnen verbargen.

Einige Wochen später mussten die Studenten angeben, ob ihrer Meinung nach »Alkohol die Lust auf Sex verändert« und ob die Begierde, die Erregung, der Spaß daran, die Freude oder das Interesse an Sex beim Trinken steigen oder sinken.

Nachdem auch das nun bekannt war, kam die letzte Runde. Die VP durften nun nämlich weder Alkohol trinken noch Sex haben, sondern wurden vor Bildschirme gesetzt, auf denen sie 110-mal eine Reihe von Wörtern sahen. Vor jeder Worteinblendung erschien ein Plus-Zeichen, dann für eine knappe halbe Sekunde eine Serie von »und«-Zeichen und schließlich für nur 40 Millisekunden ein vom Rechner zufällig ausgewähltes Wort.

Die Begriffe, die dabei zur Auswahl standen, hatten je nach Gruppeneinteilung entweder nur mit Alkohol zu tun oder eben nicht. Beispiele:

— alkohollastig: Bier, Whiskey, Cocktail, Lager, Rum, betrunken, besoffen, Martini, Wodka, Alk, Bierkrug.
— nicht alkohollastig: Limo, Tee, Tasse, Wasser, Kaffee, Cola, Espresso, Eis, Fruchtpunsch.

Nach dieser rasend kurzen Einblendung, die wegen ihrer Kürze nicht bewusst wahrgenommen werden kann, füllte sich der Bildschirm dann mit X-Buchstaben.

Damit war die Gedanken-Beeinflussung vollendet. Nach Erscheinen jedes der alkoholischen oder nichtalkoholischen Wörter mussten die Probanden zum Schein noch eine einfache Aufgabe lösen, beispielsweise unterscheiden, ob der Begriff »nogzp« ein echtes Wort sei oder nicht. Das diente aber nur der Ablenkung der Studenten – wichtig war in Wirklichkeit nur, dass sich in das studentische Unterbewusstsein ein getränketechnischer Begriff eingefressen hatte.

Den nun ahnungslos auf Alkohol oder Fruchtpunsch eingeschworenen Studenten wurden dann unter einem weiteren und nichtssagenden Vorwand (»interpersonelle Impressionen«) Porträtfotos von zufällig ausgewählten Studentinnen vorgelegt, deren Aussehen und Intelligenz beurteilt werden sollte. Die Skala reichte dabei von 1 (»geht gar nicht«) bis 9 (»sieht außerordentlich gut aus / ist höchst intelligent«).

Die Ergebnisse waren unerwartet, zumindest wenn man Männer für Schweine hält. Denn erstens schätzten die Männer die

21. Wirken auf betrunkene Männer intelligenter: Frauen. Abb. Lisa Fuß.

fremden Damen im Schnitt stets klüger (5,7 Punkte) als schön (4,4 Punkte) ein – ein Kompliment für bildungsliebende Frauen.

Zugleich erlagen nur diejenigen Männer, die ohnehin daran glaubten, dass Alkohol die Freude am Sex begünstigt, genau dieser Vorhersage auch im Test. Sie hielten die unbekannten Frauen stets für schöner, wenn sie zuvor unbewusst Alkoholbegriffe gelesen hatten.

Diejenigen Studenten hingegen, die schon vorher nicht glaubten, dass Alkohol das Gegenüber sexy macht, wurden auch durch die Kurzeinblendung von alkoholischen Begriffen nicht dazu verleitet, unbekannte Frauen schöner einzuschätzen. Für sie blieben die Frauen mit und ohne Alkoholvorprägung immer gleich (stark oder schwach) anziehend.

Doch was passiert, wenn beide – Frau und Mann – trinken? »Es ist natürlich möglich«, räumen die Autoren ein, »dass Frauen anders auf alkoholische Erwartungen reagieren als Männer. Beispielsweise könnten Frauen, um nicht als Männer mordende Mädchen dazustehen oder um sich Lästlinge schlicht vom Hals

zu halten, die Ansprüche an das Aussehen ihrer männlichen Trinkgefährten stark erhöhen anstatt sie wie Männer einfach zu senken.«

In einem Satz: Wer daran glaubt, dass Alkohol das weibliche Gegenüber schöner macht, für den erfüllt sich diese Vorhersage auch. Alle anderen behalten einen klaren Kopf und eine Gefährtin, die im Zweifel zwar nicht mit in die Falle steigt, dafür aber bei der Unterscheidung der Begriffe »nogzp« von anderen und vielleicht schöneren Worten helfen kann.

• IG-GESAMTNOTE: Wenn da mal nicht die US-amerikanische Furcht vor »risky sex« (O-Ton aus dem Paper*) und studentischer Ausschweifung durchgeschlagen hat (vgl. S. 85 ff.) ... Weil jedenfalls und unbestritten noch die Versuchsreihe zur Wirkung von Alkohol auf Frauen und deren dann folgende Einschätzung der mit ihnen trinkenden Männer fehlt, sind die Leserinnen aufgefordert, hier nachzulegen und dem Autor (gemeint ist: mir) ihre Erlebnisse in möglichst blumigen Worten zu schildern.

Kommen genug schöne Geschichten von nächtlichen Wirrungen und Irrungen zusammen, reiche ich sie zusammen mit obiger wissenschaftlicher Veröffentlichung beim Ig-Nobelausschuss ein.

R. S. Friedman, D. M. McCarthy, J. Förster, M. Denzler (2005), »Automatic effects of alcohol cues on sexual attraction«. In: *Addiction*, Nr. 100, S. 672–681.

SCHÖNE PROFESSOREN LEHREN BESSER

Dass Hühner symmetrische Gesichter von Menschen bevorzugen, wissen Sie spätestens nach der Lektüre der *Lachenden Wissenschaft* (S. 117) oder als Fan des Frühstücksfernsehens (Experiment mit lebenden Hühnern und Barbies am 9. Januar 2007, siehe Fotos).

Auch Lehrende finden angesichts der Flut junger Menschen mit evolutionär günstiger hip-to-waist ratio ihre Altersgenossen auf einmal wenig attraktiv (siehe *Lachende Wissenschaft*, S. 32). Denn eine schlanke Hüfte signalisiert bei Frauen, dass diese »unverbraucht und von mir demnächst erstgebärend« ist; bei Männern (Sixpack!), dass sie sportlich sind und daher Dinos erlegen und Beeren ranschaffen.

Doch auch Studierende mögen besser aussehende Dozenten lieber als verkauzte Zausel. Zumindest geben sie ihnen in Umfragen zur Qualität der Lehre bessere Noten. Das ist nicht nur in den USA so, sondern auch an der Universität Köln. Dort ermittelten die Soziologen Markus Klein und Ulrich Rosar in 700 Lehrveranstaltungen, dass auch im Rheinland »schön gleich klug« ist. Die getesteten Dozenten wurden dazu fotografiert und von Externen erst einmal »ästhetisch eingestuft«. Ergebnis: »Für jeden Sprung in der Attraktivitätsskala (0 bis 6) erhielt der Dozent durchschnittlich einen Zehntelpunkt für die Lehre gutgeschrieben«, berichtete sogar die *Frankfurter Allgemeine* mit Staunen.

Schon höre ich den Aufschrei aller schlecht bewerteten Lehrenden: »Da sieht man es! Diese blöden Studentenumfragen zeigen doch nur, welcher Lehrende eloquent, cool und wohlgestaltet ist, aber nicht, ob er wirklich etwas kann!«

22. Vorbereitung des Huhns für den Schönheitstest, rechts der Bauer und Hühnerbesitzer, der seinen Liebling nicht aus den Augen lässt.

23. Das Huhn ist wählerischer, als wir dachten.

Wenn es nur das wäre… Die Wahrheit ist leider noch viel schlimmer. Studierende finden nicht nur das Äußere, sondern auch den Dienstrang des Dozenten, die Kursgröße, den Veranstaltungstermin und die Fachrichtung deutlich mehr oder eben auch deutlich weniger heiß. Wer also montags um acht Uhr vor 900 Leuten Physikalische Chemie lehrt, kann möglicherweise bei den Jüngeren nie etwas reißen – selbst wenn er aussieht wie George Clooney oder Gatte der Kanzlerin ist (falls das als hoher Dienstrang zählt)[1].

• IG-GESAMTNOTE: Die Untersuchung beweist, dass gut aussehende Lehrende von den Studierenden bessere Noten erhalten können als ihre weniger perfekt gestalteten Kollegen aus demselben Fachbereich. Nun muss aber geklärt werden, ob die Schönlinge wirklich fachlich besser sind (beispielsweise, weil sie mehr gemocht und gefördert werden), oder ob sie objektiv weniger können, weil sie sich nicht so anstrengen müssen als ihre buckligen Fakultätsgenossen. Versuchspersonen melden sich bitte beim Autor, der dann zusammen mit Prof. Birgit Liss in verschiedenen Maskeraden Probevorlesungen hält. Alaaf!

M. Klein, U. Rosar (2006), »Das Auge hört mit! Der Einfluss der physischen Attraktivität des Lehrpersonals auf die studentische Evaluation von Lehrveranstaltungen – eine empirische Analyse am Beispiel der Wirtschafts- und Sozialwissenschaftlichen Fakultät der Universität zu Köln«. In: *Zeitschrift für Soziologie*, Nr. 35, S. 305–316.

[1] Der Gatte der Kanzlerin ist Professor für Physikalische Chemie.

24. Abb. Lisa Fuß.

VERSTÄNDLICHE WISSENSCHAFT

WARUM KANN DIE ATTRAKTIVITÄT DES LEHRPERSONALS DIE BEWERTUNG SEINER LEHRVERANSTALTUNGEN BEEINFLUSSEN?

Fragen Sie sich auch, warum erwachsene Menschen ein Schwimmbad mit Gelee füllen (siehe S. 50 ff.), Fischen Blues vorspielen (siehe S. 41 ff.) und testen, ob gut aussehende Professoren von den Studierenden mehr oder weniger gemocht werden? »Toll, was mit unseren Steuergeldern so passiert!«, »Haben die kein Zuhause?« und »Ist das nicht alles total egal?«, sind drei der häufigeren Reaktionen auf derartige Betätigungen.

Dabei stecken hinter diesen meist sehr mühevollen Arbeiten spannende und grundsätzliche Fragen. Jeder kann sich darüber freuen, dass sie einmal bearbeitet und teils sogar gelöst werden, denn sie haben nicht nur einen praktischen Nutzen (Fische: Zuchtverbesserung → preiswertes Fischbrötchen; Schwimmbad → olympisches Training; Professoren → weniger Ärger, wenn man bei Umfragen eine schlechtere Note als andere erhält). Es steckt aber auch grundsätzlich und über das jeweilige Thema hinausweisendes Gutes dahinter, nämlich die wissenschaftlichen Grundannahmen,

    a) dass man alles testen soll,

    b) dass man Dinge, die man nicht testen kann,
        eben nicht testen kann (Beispiel: »Gibt es Gott?«),

c) dass man daher *privat glauben* kann, was man will,

d) dass man Dinge, die man nicht prüfen kann, wenigstens richtig und ohne Wertung beschreiben sollte,

e) dass man über die eigene Forschung durchaus auch mal lachen darf.

Das sollen und dürfen natürlich auch Sie. Oder, mit den Worten unseres Chefs Marc Abrahams: »Erst lachen, dann denken.«

Damit Sie mir glauben, dass Forscher wirklich nicht aus unsinnigen Launen heraus arbeiten, sondern sich vor und nach den Experimenten eine schweinemäßige Arbeit machen, mit Kollegen diskutieren und streiten und zudem auch noch Berge von Literatur zu ihrem Thema kennen (und lesen) müssen, möchte ich Ihnen die Erklärung zur Arbeit der beiden Dozentenforscher – die selbst Dozenten sind – aus Köln vorstellen.

Im Originaltext stecken alleine im folgenden Auszug noch vierzig Verweise auf Arbeiten von Kollegen, die ich der Lesbarkeit halber weggelassen habe. Ein großes Dankeschön an Ulrich Rosar und Markus Klein, die mir erlaubt haben, ihren sehr verständlich verfassten Text im Folgenden abzudrucken.

Warum kann die Attraktivität des Lehrpersonals die Bewertung seiner Lehrveranstaltungen beeinflussen?
Den Ausgangspunkt der sozialpsychologischen Attraktivitätsforschung stellt der sogenannte Attraktivitätskonsens dar. Mit diesem Begriff wird die Tatsache bezeichnet, dass es bei der Bewertung der Attraktivität eines bestimmten Menschen einen sehr hohen Konsens zwischen

153

verschiedenen Urteilern gibt. Attraktivität liegt demzufolge nicht ausschließlich oder auch nur vorrangig im Auge des Betrachters, sondern ist vielmehr ein Merkmal der zu bewertenden Person, das relativ eindeutig bestimmt werden kann.

Der Grund für dieses hohe Maß an Übereinstimmung in der Attraktivitätsbewertung liegt in der evolutionsbiologischen Verankerung von Attraktivitätsurteilen. Als attraktiv werden, folgt man der Evolutionsbiologie, Menschen beurteilt, die einen hohen Erfolg bei der Zeugung und Aufzucht von Nachwuchs im Rahmen gemischt geschlechtlicher Partnerschaften versprechen.

Als attraktiv gelten folglich Frauen, die über körperliche Merkmale verfügen, die auf Jugend, Gesundheit und Gebärfähigkeit hindeuten. Attraktive Männer hingegen verfügen über Merkmale, die Reife, Dominanz und Status signalisieren.

Diese Merkmale werden nicht nur bei der Bewertung von Angehörigen des jeweils anderen Geschlechts zugrunde gelegt. Auch untereinander bewerten Männer wie Frauen ihre Attraktivität jeweils nach diesen Kriterien. Als Grund dafür gilt die sogenannte intrasexuelle Selektion, also die Konkurrenz um möglichst hochwertige Geschlechtspartner; diese lässt die genannten Merkmale zu zentralen Vergleichsmaßstäben auch innerhalb des eigenen Geschlechts werden. Neuere Forschungsergebnisse deuten außerdem darauf hin, dass sich Attraktivitätsstandards auch zwischen hetero- und homosexuellen Personen nicht wesentlich unterscheiden.

Fasst man die bisherigen Ausführungen zusammen, so steht physische Attraktivität ein Maß für den Partnerwert dar, über das aufgrund der evolutionsbiologischen

Programmierung des Menschen ein hoher Konsens besteht. Vor diesem Hintergrund ist es nicht überraschend, dass der physischen Attraktivität eine enorme Bedeutung bei der Analyse von Paarbildungsprozessen zukommt.

Erklärungsbedürftig ist dagegen, warum die physische Attraktivität auch in anderen Lebensbereichen Wirkung entfaltet.

Hierfür gelten drei zentrale Mechanismen als verantwortlich: Zunächst gilt, dass attraktive Menschen in besonderem Maße die Aufmerksamkeit ihrer Umwelt auf sich ziehen. Dies kann bereits bei Versuchen mit Babys gezeigt werden, die das Foto eines attraktiven Menschen deutlich länger fixieren als das zeitgleich präsentierte Foto eines unattraktiven Menschen.

Darüber hinaus werden attraktive Menschen besser behandelt als unattraktive Menschen. Auch dieser Effekt zeigt sich schon bei Kindern: Attraktive Kinder erfahren von ihrer Umwelt deutlich mehr Zuwendung und Unterstützung. Dies geht so weit, dass attraktiven Menschen sogar sozial unerwünschte Verhaltensweisen eher nachgesehen werden als unattraktiven.

Schließlich wird attraktiven Menschen auch eine ganze Reihe vorteilhafter Persönlichkeitseigenschaften zugeschrieben. Sie gelten in der Regel als sozial verträglich, gesellig, intelligent, psychisch und physisch gesund, selbstsicher, stark und kompetent. Dieser *Attraktivitäts-Stereotyp* wird zuweilen mit der Formel »What is beautiful is good« umschrieben.

Betrachtet man die eben beschriebenen Mechanismen in der Zusammenschau, dann kann es nicht überraschen, dass attraktive Menschen auch in vielen anderen Lebensbereichen als der Partnerwahl Wettbewerbsvorteile gegenüber unattraktiven Menschen haben.

So ist insbesondere gezeigt worden, dass attraktive Menschen berufliche Vorteile haben, höhere Einkommen erzielen, weniger häufig kriminell werden, vor Gericht mildere Urteile erfahren und auch bei politischen Wahlen besser abschneiden. Der Befund, dass die Lehrveranstaltungen attraktiver Dozenten besser beurteilt werden als die Lehrveranstaltungen ihrer weniger ansehnlichen Kollegen, ist damit zunächst nur ein weiterer Mosaikstein in einem übergreifenden Bild.

Gleichwohl ist es wichtig, einen genaueren Blick auf die Mechanismen zu werfen, die zu einer besseren Evaluation der Lehrveranstaltungen attraktiver Dozenten führen können. Manche dieser Mechanismen bewirken nämlich einen wirklichen Produktivitätsvorteil attraktiver Dozenten, während andere schlicht eine Diskriminierung unattraktiver Dozenten darstellen.

In die erste Kategorie fällt die höhere Aufmerksamkeit, die attraktiven Dozenten von ihren Studenten zuteil wird. Diese kann zu einer realen Verbesserung der Qualität der Lernsituation beitragen. Auch mögen attraktive Dozenten infolge des Umstands, dass sie zeit ihres Lebens besser behandelt wurden und erfolgreicher waren, mit größerem Selbstbewusstsein auftreten, was sich ebenfalls positiv auf die Qualität der akademischen Lehre auswirken könnte.

Zudem finden sich in der Literatur Indizien dafür, dass attraktive Menschen eine höhere akademische Leistungsfähigkeit besitzen: Demnach wird ihnen seit dem frühen Kindesalter aufgrund ihrer Attraktivität eine höhere Intelligenz zugeschrieben, was eine stärkere Aufmerksamkeit und Zuwendung vonseiten ihrer Lehrer und Dozenten nach sich zieht und im Ergebnis in eine höhere akademische Kompetenz mündet.

Nicht auszuschließen ist aber auch, dass attraktive Dozenten im Rahmen der Lehrevaluation von den Studierenden einfach nur besser behandelt werden als ihre unattraktiven Kollegen und ihre Lehrveranstaltungen allein aus diesem Grund bessere Noten bekommen.

Auch könnten die besseren Eigenschaftszuschreibungen, die attraktive Dozenten gemäß des Attraktivitäts-Stereotyps auf sich ziehen, eine bessere Bewertung ihrer Lehrveranstaltungen verursachen, ohne dass diese Zuschreibungen einen realen Hintergrund aufweisen oder die Lehrsituation objektiv verbessern.

Aufgrund des *Glamoureffekts* könnte es schließlich sogar sein, dass attraktiven Dozenten eine mangelnde Vorbereitung, mangelndes didaktisches Geschick und mangelndes Engagement eher nachgesehen wird. Sie könnten dann für objektiv schlechtere Lehrveranstaltungen die gleiche oder gar eine bessere Bewertung erhalten als ihre unattraktiven Kollegen.

M. Klein, U. Rosar (2006), »Das Auge hört mit! Der Einfluss der physischen Attraktivität des Lehrpersonals auf die studentische Evaluation von Lehrveranstaltungen – eine empirische Analyse am Beispiel der Wirtschafts- und Sozialwissenschaftlichen Fakultät der Universität zu Köln«. In: *Zeitschrift für Soziologie*, Nr. 35, S. 305–316.

PINGUINKOT

Da man sich Pinguinen in ihrem natürlichen Lebensraum nicht nähern darf, bleibt nur die reine Beobachtung der garstigen Biester. In Saukälte und Dämmerlicht schweiften dabei die Gedanken des übrigens sehr coolen Kollegen Meyer-Rochow nicht gerade ab, aber immerhin weiter:

»Welcher Druck herrscht eigentlich«, fragte er sich, »wenn Pinguine kurz aufstehen, an den Rand ihres Nestes tappen, sich leicht nach vorne beugen und dann ihren Kot mit einem Stoß (im Laufe der Wochen sternförmig) verspritzen?«

Da der Forscher die Tiere wie gesagt nicht anfassen durfte, tüftelte er eine Formel aus, die auch bei Beobachtung aus fünf

25. Diese Abbildung ist selbsterklärend. Abb. Benno Meyer-Rochow.

26. Diese auch. Abb. Benno Meyer-Rochow.

Metern Entfernung brauchbar ist und in der folgende Bestandteile vorkommen:

a) die Distanz vom Anus (*orificium venti*) bis zur Auftreff-Stelle des Kotes,
b) die Zähflüssigkeit des Kotes und
c) die Form der Flugbahn.

Nicht ganz einfach war der Durchmesser der Öffnung der Winde zu bestimmen. Nach Betrachtung einiger Fotos einigte man sich auf acht Millimeter im Moment der Kotstrahlabgabe. Da der Kot etwa 40 Zentimeter vom Nest zum Landen kommt und zuvor eine Fluggeschwindigkeit von zwei Metern pro Sekunde (7,2 km/h) bei einem Volumen von 2×10^{-5} m^3 und einer Abschleuderzeit von nur 0,4 Sekunden hat, ergeben sich für die Pinguinarten *Pygoscelis antartica* und *P. adelidae* Kotschleuderdrucke von 10 bis 60 kPa, also »deutlich mehr, als Menschen zum gleichen Zweck erzeugen können«.

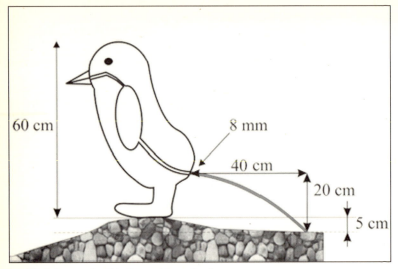

27. Und diese auch. Abb. Benno Meyer-Rochow.

So rasch, wie hier dargestellt, ging die Berechnung natürlich nicht.

Es stecken noch einige Differenzialgleichungen, Quadrierungen und die Formel von Hagen-Poiseuille dahinter, die ich aber zugunsten der naturwissenschaftlich weniger Interessierten weglasse. Dem Rechnen zugeneigte Leser können problemlos im Originalpaper* nachschlagen: *Polar Biology*, Nr. 27, S. 56–58.

• IG-GESAMTNOTE: Großes Kino und Ig-Nobelpreis für Flüssigkeitsdynamik 2005. »Wenn wir gefragt werden, ob diese Untersuchung nicht zu banal sei«, erklärt Meyer-Rochow, »dann sagen wir, dass es grundsätzlich und allgemein wichtig ist, die physikalischen Eigenschaften der Flüssigkeitsabgabe durch kleine Öffnungen zu untersuchen.« Recht hat er – das ist eiskalte Grundlagenforschung. Sagte

ich schon, dass der Kollege wirklich cool ist? Ja? Dann:
Siehe Interview (S. 162 ff.).

V. B. Meyer-Rochow, J. Gal (2003), »Pressures produced when penguins
pooh – calculations of avian defaecation«. In: *Polar Biology*, Nr. 27, S. 56–58.

INTERVIEW MIT EINEM COOLEN FORSCHER

Frage: Warum haben Sie Pinguinkot untersucht?
Benno Meyer-Rochow: Aus Neugier.

Frage: Und welche Bedeutung haben die Ergebnisse für die Wissenschaft?
Benno Meyer-Rochow: Jede Forschung über das Verhalten von Flüssigkeiten (hier: wie sich viskose Flüssigkeiten durch enge Röhren und schmale Öffnungen bewegen) ist für den Biowissenschaftler interessant. Mir fallen da der Blutkreislauf, Venen, Arterien, die Harnwege, Ejakulation von Spermien und so weiter ein.

Es müssten sich für Anatomen, Physiologen, Zoologen und Ornithologen in unserer Arbeit allerlei weitere Denkanstöße finden, beispielsweise:

- Wie schaffen es Pinguine, einen derart hohen Druck zu erzeugen?
- Erzeugen nur fleisch- und fischfressende Vögel diesen hohen Druck beim Kotablassen und wenn, warum ist das so?
- Wie funktioniert die nervliche Steuerung?
- Wählen die Vögel die Richtung aus, in die sie ihren Kot ausstoßen, oder wird die Richtung zufällig gewählt?
- Erzeugen Küken einen im Verhältnis höheren Druck als erwachsene Vögel?

Wie Sie sehen, wirft gute Forschung immer noch mehr Fragen auf und bringt die Leute zum Denken.

Frage: Was haben wissenschaftliche Kollegen zu Ihrer Arbeit gesagt?

Benno Meyer-Rochow: Ein Paläontologe, der die Biologie von Dinosauriern studiert, hat angefragt, ob unsere Berechnungen auf Spuren, die um ein fossiles Dinosauriernest gefunden wurden, anwendbar wären.

Stromleitungstechniker aus einem afrikanischen Land erkundigten sich, ob unsere Forschung ihnen dabei helfen könnte ein Problem zu lösen, das sie mit Geiern haben: Bei Leitungen in der Nähe von Geiernestern kam es oft zu Kurzschlüssen, wenn die Geier und ihre Jungen ihren Kot ausschieden.

Einige Zoobetreiber und Vogelparkhüter fragten nach »sicheren« Abständen für die Besucher der Vogelkäfige.

Medizinische Kollegen werden vielleicht dazu inspiriert, den Druck, der in Menschen aufgebaut wird, während sie ihren Darm entleeren, neu zu messen. In der Fachliteratur existierten jedenfalls nur alte Daten darüber.

Frage: Gab es auch Reaktionen von Nichtwissenschaftlern?

Benno Meyer-Rochow: Ja, viele! Unmengen beliebter (und auch weniger beliebter) Zeitungen und Magazine, Radiosender, Fernsehsender und so weiter fragten uns nach Details über Pinguinkot und wie wir die Messungen durchgeführt haben. Ein T-Shirt-Hersteller bat uns um die Erlaubnis, eine Abbildung unserer Veröffentlichung auf T-Shirts zu drucken. Wir haben es gerne gestattet.

Frage: Wie sind Sie überhaupt auf dieses Thema gekommen?

Benno Meyer-Rochow: Das Projekt startete 1993 in der Antarktis, und zwar währen der ersten (und bisher auch einzigen) jamaikanischen Antarktisexpedition. Ich hatte diese Forschungsreise organisiert und war auch ihr Leiter.

Wir schossen viele Fotos von Pinguinen »in Aktion« und von ihren »dekorierten« Nestern. Während eines Diavortrags an der Kitasato-Universität in Japan wurde ich von einer Studentin gefragt, wie genau die Pinguin-nest-Dekoration zustande kommt. Ich antwortete: »Sie stehen auf, bewegen sich zum Rand ihres Nests, drehen sich um, bücken sich nach vorne und feuern eine Ladung ab.«

Die Studentin, die die Frage gestellt hatte, wurde rot, die Zuhörer kicherten und wir kamen auf die Idee, den Druck zu messen, den Pinguine aufbauen, wenn sie Kot auspressen.

Frage: Warum wurde die Arbeit in der Fachzeitschrift *Polar Biology* veröffentlicht?
Benno Meyer-Rochow: Weil *Polar Biology* eines der führenden Wissenschaftsmagazine ist, die sich mit der Erforschung der Arktis und Antarktis beschäftigen. Die Zeitschrift arbeitet mit zuverlässigen Forschern, behandelt relativ aktuelle Themen, hat eine große Anzahl von Lesern in der ganzen Welt und ist in den Büchereien der meisten Universitäten und Forschungsinstitute zu finden.

Ein weiterer Grund ist, dass wir es nicht geschafft haben, unser Manuskript dem *Journal of Experimental Biology* schmackhaft zu machen. Unsere Arbeit wurde von den dortigen Gutachtern als zu darstellend und zu wenig experimentell bezeichnet. Ein Referee* fand aber immerhin die Überschrift sehr gut und bezeichnete sie als »großartig«.

Frage: Sind Sie froh, den Ig-Nobelpreis erhalten zu haben?
Benno Meyer-Rochow: Natürlich. Wissenschaft, auch ernsthafte, sollte ein größeres Publikum erreichen als nur eine Hand voll Experten. Genau das haben wir erreicht.

Unsere Arbeit scheint bei Leuten aus allen sozialen Schichten und aus vielen verschiedenen Ländern Beachtung gefunden zu haben – und damit hoffentlich auch die Frage, die unsere Arbeit bezüglich des Schubs und des Ausstoßes viskoser Flüssigkeiten durch enge Röhren und Öffnungen aufwirft.

Frage: Haben Sie auch andere wissenschaftliche (also ernsthafte) Arbeiten mit lustigem Titel veröffentlicht?
Benno Meyer-Rochow: Ja. Wie wäre es mit: »Im Dunkeln ist gut Funkeln: Wenn Tiere das Licht anmachen« (in: *Tierische Kommunikation*, hrsg. von J. Kallinich, G. Spengler, Heidelberg 2004, S. 88–99).

Frage: Und wie sieht es mit polaren Themen aus?
Benno Meyer-Rochow: Auch dazu hätte ich einige Beispiele:
- »Die Augen-Ultrastruktur des antarktischen Springschwanzes (Collembolen) *Gomphiocephalus hodgsoni*« (2005).
- »Psychophysikalische Untersuchungen zum Sonnenlicht am bewölkten Himmel und im Zwielicht, angeregt durch Wikinger-Navigation« (2005).
- »Weiterlebenszeit nach dem letzten Krankenhausaufenthalt bei Suizidenten in Nord-Finnland« (2004).
- »Warum Bienenköpfe im Winter weniger wiegen als im Sommer« (2002).
- »Wasseraufnahme über zwei spezielle Beine bei der

28. Kam nach dem Pinguinkot dran: Die Werftschabe *Ligia exotica*. Quelle: Wiki Commons.

Werftschabe *Ligia exotica*« (2007).
- »Feinstruktur von Fischzungen und ökologische Überlegungen dazu« (1981).
- »Leben unter eisigem Panzer« (1981).

Frage: Haben Sie angesichts dieser Themenfülle auch noch andere Projekte im Visier?
Benno Meyer-Rochow: Seit Jahren versuche ich, Lichtempfänger stark zu verkleinern. Ich frage mich nämlich, wie klein eine solche Struktur bei Tieren werden kann, sodass sie immer noch als Auge dienen kann.

Wir haben beispielsweise das zehn Mikrometer kleine Auge einer antarktischen Meeresmilbe untersucht, die selbst nur einen halben Millimeter lang ist. Was nehmen die Tiere mit solchen Augen noch wahr? Es muss ja irgendwelche Grenzen betreffs der Brechungseigenschaften, der Netzhautschichten, der Größe der Zellen und der Pigmentgröße geben. Doch welche sind das?

Obwohl wir bei der DFG* mehrfach für das Projekt geworben haben, wurde diese wirklich interessante Sache nie gefördert. Und das, obwohl sie sogar industrielle Anwendung finden dürfte. Ich hoffe wirklich, dass das einmal finanziert wird.

Mich würde außerdem noch interessieren, ob niedere Tiere eine Vorstellung von »Hoffnung« und »Erwartung« haben. Kann »Hoffnung« wirklich das Leben verlängern? Auch hier hätte ich einige gute Testmöglichkeiten, aber nur äußerst begrenzte Geldmittel.

THE SOUND OF CRISPS

Hundertdreiundfünfzig Jahre mussten zwischen der Erfindung der Kartoffelchips (von detailverliebten Stieseln korrekter auch »Chipskartoffeln« genannt) und der Erkenntnis vergehen, dass Frische und Knackigkeit der fettigen Scheibchen nicht von Nase und Mund, sondern bloß vom Ohr bestimmt und damit nur Einbildung sind.

Herausgefunden wurde das an der Universität Oxford mittels einer kleinen schalldichten Box, in die sich die Versuchspersonen (VP) hocken mussten und einen sogenannten Stapelchip (von »Pringles« – technisch gesehen keine Chipskartoffel, da aus Kartoffelpüree hergestellt) zum Verzehr erhielten. Das dabei entstehende Knackgeräusch wurde durch ein Mikrofon in drei Tonmischer geleitet, dort verändert und sofort durch Kopfhörer auf die Ohren des Probanden gegeben.

Verblüffenderweise bewerteten die Essenden exakt gleich hergestellte Stapelchips als »knackiger« und »frischer«, wenn entweder einfach die Lautstärke des Zerknackgeräusches hochgedreht wurde (20 – 40 dB) oder die hohen Frequenzen (2 – 20 kHz) verstärkt wurden. Umgekehrt ging's auch: Dämpfte man die Höhen oder drehte die Lautstarke herunter, dann waren die zuvor hervorragenden Chips auf einmal »schal« und »lappig«.

Wissenschaftlicher Streit ist nun darüber entbrannt, warum bei lauten Partys überhaupt Chips verzehrt werden. Da man im Krach deren Knacken ja nicht hört, sollten die Kartoffelsnacks durch beispielsweise ... äh ... lauter knackende Möhren- oder Sellerie-Sticks ersetzt werden. Diese gesunden Snacks gibt es

29. Zu hohe Knusprigkeit wirkt abschreckend.

aber nur bei Yuppie-Feierlichkeiten; überall sonst bleiben die salzigen Chips unerklärlicherweise Sieger.

• IG-GESAMTNOTE: Die Autoren Massimiliano Zampini und Charles Spence waren emsig. Sie haben auch noch herausgefunden, wie laut ein Mineralwasser im Bestfall sprudeln sollte und wie sich für Zahnputzende optimal klingende elektrische Bürsten anhören müssen.

Ergebnisse: Menschen glauben, dass mehr Sprudelgas im Wasser ist, wenn die Krisselgeräusche lauter sind beziehungsweise in der Tonanlage lauter gestellt oder das Glas einfach näher ans Ohr gehalten wird. Das gilt aber nur, solange die VP dem Wasser nur zuhören. Sobald sie es wirklich trinken, wird die Sprudeligkeit wieder richtig eingeschätzt, unabhängig vom Krisselpegel. Schade um die ganzen Ratten, die für ähnliche, aber wesentlich aufwändigere Versuche ihr Leben lassen mussten... (siehe *Lachende Wissenschaft*, S. 40).

Zuvor hatten die Kollegen wie gesagt Zahnbürsten unter dem Mikrofon gehabt und ermittelt, dass sie sich am Zahn und im Schädelknochen angenehmer anfühlen, wenn die vibrierenden Bürstchen leiser oder zumindest die hohen Tonbestandteile gedämpft sind.

Es gibt also nicht nur mit Kartoffelchips, sondern auch mit vielen anderen Alltagsgeräuschen reichlich zu erforschen. Die Leser sind aufgefordert, sich hierzu im Sozialraum ihres Arbeitgebers, im Bad oder bei der nächsten Party, bei der dann natürlich nur Sprudel und Sellerie serviert werden dürfen, verdient zu machen.

Die Chipskartoffelversuche sind übrigens ein heißer Kandidat für den Ig-Nobelpreis für Physik. Bitte schauen Sie selbst nach, ob ich mein Anliegen im Ig-Ausschuss durchpeitschen konnte oder doch wie üblich nur als »der eigentlich ganz nette Deutsche mit dem allerdings etwas eigentümlichen Humor« abblitze: http://improbable.com

Knack, knack!

M. Zampini, S. Guest, C. Spence (2003), »The role of auditory cues in modulating the perception of electric tooth brushes«. In: *Journal of Dental Research*, Nr. 82, S. 929–932.

M. Zampini, C. Spence (2004), »The role of auditory cues in modulating the perceived crispness and staleness of potato chips«. In: *Journal of Sensory Studies*, Nr. 19, S. 347–363.

M. Zampini, C. Spence (2005), »Modifying the multisensory perception of a carbonated beverage using auditory cues«. In: *Food Quality and Preference*, Nr. 16, S. 632–641.

DER NAME STEUERT DAS LEBEN
(UND DEN BALL)

Das folgende Paper* bereitet mir seit Monaten schlaflose Mittage, weil eigentlich nicht sein kann, was darin steht: Die Anfangsbuchstaben unserer Namen steuern unser Leben. Wie Sie dem Vorwort dieses Buches entnehmen können, lache ich Pseudowissenschaftler normalerweise nur freundlich an und streite nicht mit ihnen, weil es über Glauben eben nichts zu streiten gibt. Ob Sie an das Spaghettimonster, Buddha, Gott oder Mohammed glauben, geht mich nichts an.

Und nun kommen Leif Nelson (Universität Kalifornien und New York University) und Joseph Simmons (Universität Yale) mit einer riesigen Stichprobe* daher, die in völlig verschiedenen Bereichen des Lebens zeigt, dass wir unsere Namen so sehr mögen, dass wir uns der Macht der darin vorkommenden Buchstaben nicht entziehen können. Der erste Teil dieser Aussage war schon 1987 von Jozef Nuttin (Universität Leuven) entdeckt worden, als er Probanden bat, aus zwölf Sprachen die sechs ihnen am schönsten erscheinenden Buchstaben auszusuchen. Heraus kam, dass die Buchstaben des eigenen Namens besonders oft gewählt wurden.

»Diese Erscheinung nennen wir ›Name-Letter-Effect‹«, erklären die Marketing-Wissenschaftler Nelson und Simmons. »Die Erscheinung ist so stark, dass Leben und Partnerschaft davon deutlich beeinflusst werden. Tobias wird sich beispielsweise viel eher einen Toyota kaufen, nach Trier ziehen und Tanja heiraten, als Jan, der sich eher einen Jaguar kaufen, Jutta heiraten und nach Jülich ziehen wird.

Weil wir uns an unseren Universitäten mit den Kaufentscheidungen von Verbrauchern beschäftigen, interessierte uns nun, ob die überzufälligen Buchstabengleichheiten auch dann messbar sind, wenn wir mehr abseits liegende Lebensbereiche untersuchen, und ob sie aus einem echten, unbewussten Verlangen stammen oder aus der Bierlaune einiger Spaßvögel.«

Zwar sind sich alle Forschungsgruppen, die sich seit 2001 mit diesem Thema beschäftigen, darüber einig, dass es sich bei der Namensliebe um eingebauten Egoismus handelt. Das heißt: Wir mögen unseren Namen deshalb, weil wir uns selbst einfach toll finden und für wertvoll halten.

Dafür gibt es einige gute Belege. Beispielsweise wählen Menschen besonders gerne Dinge oder Personen mit Namen, die ihren eigenen ähneln, wenn sie sich schnell und ohne Nachdenken entscheiden müssen. Es scheint sich also bei der Buchstabenneigung um eine tief im Geist verankerte Eigenschaft zu handeln, die deshalb auch kein langes Grübeln erfordert.

»Das heißt aber nicht«, so die Kollegen, »dass Jan nicht trotzdem *mit Absicht* nach Jülich zieht. Nur weil sein Unterbewusstsein ihm diese Möglichkeit vorschlägt, muss er sie ja noch lange nicht nur aus diesem Grund durchführen.«

Um herauszufinden, was die Menschen zu Sklaven ihrer von den Vorfahren geerbten und zugewiesenen Buchstaben macht, wählten die Forscher daher Lebensbereiche, in denen man sich erstens sehr anstrengt und das Unterbewusstsein daher eigentlich keine Rolle spielen sollte, und in denen zweitens die guten wie auch die schlechten Ereignisse von vornherein an einen Buchstaben gekoppelt sind. »Um es gleich vorwegzunehmen: Die untersuchten Personen hingen so an ihrem Namen, dass sie dafür sogar Misserfolge in Kauf nahmen«, erklären die Kollegen. »Der eigene Name sabotiert also, ja nach Aufgabe, den eigenen Erfolg.«

Als erstes Untersuchungsgebiet wählten die Forscher den US-amerikanischen Nationalsport Baseball. Die Regeln dieses Sports sind den meisten Europäern auch mit geduldigstem Erklären nicht begreiflich zu machen; sie erinnern an eine stark verkomplizierte Form des Spiels »Brennball«. Wichtig ist für die Buchstabenstudie ohnehin nur, dass ein Spieler (mit dem bekannten keulenförmigen Baseballschläger) für seine Mannschaft einen Nachteil bewirkt, wenn er dreimal den Ball verfehlt. Dieses Ereignis heißt »Strikeout« und wird allgemein mit dem Buchstaben »K« abgekürzt.

Weil die Begeisterung der US-Amerikaner für Baseball keine Grenzen kennt, gibt es wie beim Fußball in Deutschland Listen, in denen jeder *jemals stattgefundene* Strikeout, zumindest aus der obersten Liga, aufgezeichnet ist. Die Kollegen Nelson und Simmons nahmen sich daher alle Strikeouts von 1913 bis 2006 vor und ordneten sie 6397 Spielern zu, die jeweils mehr als hundert Einsätze gespielt hatten. Und wirklich: Denjenigen professionellen Baseballspielern, deren Namen mit K begannen, unterliefen 1,6 Prozent mehr Strikeouts als den Spielern mit anderen Initialen (18,8 vs. 17,2 Prozent; p* = 0,002).

»Es gab natürlich in jedem Jahr verschieden viele Spieler, deren Name mit K begann«, sagen die Forscher, »und es gibt in letzter Zeit auch immer mehr Strikeouts. Die Spieler kamen zudem aus verschiedenen Ländern (insgesamt 52), in denen die Namensgebung anders als in den USA ist. Aber selbst wenn man all diese Einwirkungen rechnerisch einfließen lässt, bleibt es dabei: Wessen Vor- oder Nachname mit dem Buchstaben K begann, kassierte mehr Strikeouts als alle anderen Spieler.

Wir erklären uns das so, dass Menschen, die ein K im Namen tragen, weniger Angst vor einem Strikeout und dem damit einhergehenden Eintrag in die K-Liste haben als andere Menschen.« In einem Satz: Das Initial von Menschen, deren Name also mit K beginnt, senkt die Furcht vor dem Versagen – aber nur, wenn die Fehlleistung auch ein K nach sich zieht. Bei anderen Buchstaben wirkt diese Unempfindlichkeit nicht.

»Natürlich kam uns das Ganze komisch vor, und wir wechselten daher das Leistungsgebiet: Anstelle von Sport schauten wir uns nun die Noten von Studenten an.« Diese werden in den USA anhand von Buchstaben vergeben. Die europäische Bestnote »eins« (sehr gut) entspricht in den USA dem Buchstaben A, eine »zwei« (gut) ist ein B, eine »drei« (befriedigend) ein C und die Schulnote »vier« (ausreichend) entspricht einem D.

»Wir wollten nun sehen«, so Nelson und Simmons, »ob Studenten, deren Namen mit einem C oder D beginnen, weniger Angst vor schlechten Noten haben und daher weniger Zeit und Energie aufwenden, um diese schlechteren Noten zu vermeiden.« Um eine möglichst große Stichprobe zu erhalten, wurden daher die Noten aller Studierenden eines Programmes aus den Jahren 1990 bis 2004 mit deren Herkunft (südostasiatisch, kaukasisch, afroamerikanisch, hispanisch, indisch und »andere«), Geschlecht und natürlich ihren Initialen verbunden.

Herausgesucht wurden sodann alle Studenten, die sowohl einen »guten« als auch einen »schlechten« Anfangsbuchstaben im Namen hatten (beispielsweise Amelie Cartwhright). Alle, die mit den Buchstaben E, F, G … Z begannen, wurden in die Gruppe »andere Buchstaben als A bis D« gesteckt.

Erneut zeigte sich die Wirkung der Initialen. Studierende, deren Namen mit C oder D begannen, hatten im Schnitt immer die schlechteren Noten – nämlich »C« oder »D« (p* = 0,001).

»Wir fragten uns nun, ob wir wirklich zeigen könnten, dass die schlechteren Studenten einfach furchtloser vor Cs und Ds und nicht bloß die besseren Studenten fleißiger waren«, legen die Forscher nach. »Dazu ermittelten wir die Durchschnittsnoten aller Studierenden, deren Namen mit E bis Z begannen. Sie hatten genau denselben Notendurchschnitt wie diejenigen, die ein A oder B als Anfangsbuchstabe trugen.

Unterschiede gab es wirklich nur bei den Studierenden, deren Namen mit C und D begannen. Nur sie schnitten im Durchschnitt schlechter als *alle* anderen ab.

Obwohl alle Studenten unseres Fachbereiches sehr genau

wissen, dass sie mit guten Noten bessere Arbeitsplätze erhalten, mochten die C- und D-ler ihre Anfangsbuchstaben offenbar so sehr, dass sie die beiden weniger gute Noten C und D eher in die in Kauf nahmen als die anderen Studierenden.«

Dies wäre der Moment, in dem ein normaler Mensch den Kopf gegen Wand schlagen oder die ganze Sache veröffentlichen würde. Nicht so die Kollegen – sie fragten sich nämlich nun, wer genau eigentlich den mittlerweile unbestreitbaren Namenseinfluss erzeugt. Sind es wirklich die Baseballspieler und Studierenden, die keine Angst von den Buchstaben C, D oder K haben? Oder sind es stattdessen die Schiedsrichter und Lehrenden, die unterbewusst einen Strikeout (K) eher dann vergeben, wenn der Spielername mit K beginnt beziehungsweise als Professoren häufiger ein C oder D vergeben, wenn die Studenten-Initialen ebenso auf C oder D lauten?

Dazu schnappten sich die Untersuchungsleiter 294 Studienanfänger und ließen an einem Computer noch einmal den Geist der Versuche von Jozef Nuttin aufleben. Um die Studierenden zusammenzutrommeln, genügte es, 50 Dollar auszuloben, die unter den Teilnehmern verlost wurden.

Die Studenten mussten jedem Buchstaben des Alphabets einen Wert zuordnen, der ihre Wertschätzung ausdrückte. Die Maßeinteilung reichte von »eins (mir sehr unangenehmer Buchstabe)« bis »neun (Spitzen-Buchstabe)«. Danach folgte ein kleiner Wissenstest.

Mit diesem Test verfeinerte sich nun die Kenntnis über die Buchstabenliebhaberei stark. Es entstanden nämlich zwei Gruppen:

— Von den Studierenden, die ihre eigenen Initialen mochten, erzielten wieder diejenigen häufiger die Noten C oder D, deren Namen mit C oder D begannen.

— Hatten die Studierenden mit einem C oder D im Namen aber ihre eigenen Initialen als unschön und wenig angenehm bewertet, so schnitten sie nun auf einmal besser ab –

und zwar so viel besser, dass sie sogar ihre Mitstudieren-
den überrundeten, deren Namen mit A oder B begannen
(p < 0,02).

Spätestens jetzt dürften jedem Naturwissenschaftler die Haare
zu Berge stehen. Doch es kommt noch besser.

»Wir durchsuchten nun die Datenbank, in der alle US-amerikanischen Rechtsanwälte gespeichert sind«, so die Forscher.
»Weil in dieser Datenbank der Standesvertretung sowohl die Namen der Anwälte – und damit auch ihre Initialen – als auch die
Universitäten, an denen sie studiert haben, enthalten sind, verglichen wir nun, ob sich Menschen je nach Initialen vielleicht
auch noch bevorzugt eine dazu passende Universität suchen.

Dabei geht es aber nicht um den Namen der Ausbildungs-
stätte, sondern um deren Güte. Auch hierfür lagen uns umfang-
reiche Daten vor, sodass jede Universität nun eine Note von A
bis D erhielt.

Wir glichen also die Daten von 392.458 Anwälten mit 170
Ausbildungsstätten ab. Erneut zeigte sich der Einfluss des Namens: Je schlechter die Universität war, desto weniger Anwälte
mit den Initialen A und B hatten sie besucht (p= 0,036). Das
passte mit dem zusammen, was wir schon kannten: Wer Adlai
oder Bill heißt, geht auf eine Universität, die den besseren Noten A und B entspricht, während Chester und Dwight auf die
schlechteren Unis gehen, die in Bewertungen die Noten C und
D erhalten.«

Es wundert die Leser daher wohl auch nicht mehr, dass von
284 Freiwilligen, die am Bildschirm danach zehn Rätsel lösen
sollten, immer die am schlechtesten abschnitten, denen die
Möglichkeit gegeben wurde, auf einen Abbruch-Knopf zu drücken, der mit dem ersten Buchstaben ihres Vornamens beschrif-
tet war.

»Natürlich will der Profisportler Klaus bewusst keinen für
ihn und seine Mannschaft nachteiligen Strikeout bewirken, und

natürlich will Daniel mit Absicht keine »vier« (also ein D) schreiben. Dennoch haben wir gezeigt, dass das Unterbewusstsein die bewussten Wünsche, wenn auch nicht zwingend, so doch regelmäßig unterwandert – und das nur, weil man seine eigenen Initialen meist mehr mag als die der anderen.«

• IG-GESAMTNOTE: Unglaublich, aber dennoch nach so vielen Versuchen unbestreitbar wahr. Das Ganze gilt übrigens auch für Berufs- und Ortsvorlieben etc. (Daniel, der Dentist aus Düsseldorf). Noch nicht untersucht ist, ob Professoren mit den entsprechenden Initialen generell gerne die dazu passenden Noten vergeben, Prof. Benecke also eher ein B, Dr. Cramerling hingegen lieber ein C. Wie gut, dass wir dieses Problem im deutschsprachigen Raum aber eh nicht haben, weil hier nur Zahlen und Worte zur Bewertung verwendet werden.

Apropos, jetzt geht es an die anderen Buchstaben: Ich habe schon das Telefonbuch zur Hand und sehe dort eine Pina Fechner, die Hagen Hantusch geheiratet hat und in der Würmstraße in Nildrizhausen wohnt. Was hat *das* nun wieder zu bedeuten?

P.S.: Wer mir beweist, dass hier ein Storchproblem* vorliegt, erhält umgehend fünfzig Dollar und ein leckeres Kistchen deutschen (»d«!) Sekt von mir.

L. D. Nelson, J. P. Simmons (2007), »Moniker maladies: When names sabotage success«. In: *Psychological Science*, Nr. 18, S. 1106–1112.

J. M. Nuttin (1987), »Affective consequences of mere ownership: The name letter effect in twelve European languages«. In: *European Journal of Social Psychology*, Nr. 15, S. 381–402.

B. W. Pelham, M. C. Mirenberg, J. K. Jones (2002), »Why Susie sells seashells by the seashore: Implicit egotism and major life decisions«. In: *Journal of Personality and Social Psychology*, Nr. 82, S. 469–487.

GYNÄKOLOGENKRAWATTEN

Fünf Kollegen aus den Abteilungen für Geburtshilfe, Frauenheilkunde und Mikrobiologie der Universität Liverpool ermittelten, ob Halsbekleidung ekelig ist. Dazu verdonnerten sie Frauenärzte in mehreren Krankenhäusern, bei der Arbeit zuerst drei Tage lang eine Krawatte und später dann eine Fliege zu tragen. Zwischendurch rieben sie einen je zwei Zentimeter großen Bereich der Textilien ab und strichen diese Proben auf Bakterien-Anzuchtplatten.

Das Ergebnis leuchtete zunächst ein: Am Ende des ersten Tages fanden sich an den textilen Fliegen deutlich geringere Bakterienmengen als an den Krawatten ($p*$ = 0,019). Das stand damit in Einklang, dass Krawatten »im Kreißsaal leichter mit Blut und Fruchtwasser in Berührung kommen«. Diese scheinbar logische Tatsache glich sich aber bis zum dritten Tag wieder aus. Zu diesem Zeitpunkt waren Krawatten und Fliegen nämlich gleich stark belastet – vielleicht durch Übertragung mit den Händen. Ob die Verwendung einer Krawattennadel etwas geändert hatte, blieb unklar, da kein Arzt eine solche benutzte.

Der heilige Zorn der Untersucher trifft dennoch aus zumindest mir unerklärlichen Gründen nur die Krawatte: »Sie sind«, so schreiben die Autoren im angesehenen *British Medical Journal*, »das nutzloseste aller männlichen Kleidungsstücke. Weder schützen sie gegen schlechtes Wetter noch gegen Verletzungen, und noch dazu sind sie unbequem. Höchstens den eigenen Geschmack und Stil kann man damit zeigen, falls der ganze übrige Betrieb mal wieder im Einheitslook herumläuft.«

Die Aufregung ist aber nur teils gerechtfertigt. Denn die auf

30. Nach drei Tagen nicht unbedingt schmuddeliger als eine Fliege: Die Gynäkologenkrawatte.

Stoff gesammelten Bakterien gehörten oft zu recht harmlosen Arten wie *Alcaligenes* und *Enterococcus faecalis*. Und: Trotz Krawattenschmutz geht es heute immer noch besser zu als in der angeblich guten alten Zeit. »Bis 1853 operierten die Ärzte in London in ihren jeweils ältesten Gehröcken, die von Jahrzehnte altem Schmutz verkrustet waren«, berichten die halstextilfeindlichen Bakterienjäger. Sinn der Sache: Man wollte sich die guten Kleider nicht an den Patienten schmutzig machen...

• IG-GESAMTNOTE: Ohne tägliche Krawatten- oder Fliegenwäsche sollte man sich nicht mehr in den Kreißsaal begeben. Womöglich ein Grund, sich eine Gynäkologin zu suchen? – Eine insgesamt wunderschöne Studie, noch

31. Halsbekleidung berühmter Ärzte, von oben nach unten: James Young Simpson (1811–1870, Entdecker des Chloroform als Narkosemittel), Leopold Auenbrugger von Auenbrugg (1722–1809, Entdecker des ärztlichen Abklopfens der Körperoberfläche) und William Smellie (1697–1763, Erfinder der Geburtshilfe-Zange).

32. Hier sitzen die Keime: In der Halsbekleidung. Abb. Lisa Fuß.

dazu multizentrisch* und verblindet*; für mich ein heißer Kandidat für einen Ig-Nobelpreis für Biologie, Medizin oder Sozial- und Kommunikationsforschung; wenn Sie verstehen, was ich meine.

M. M. Biljan, C. A. Hart, D. Sunderland, P. R. Manasse, C. R. Kingsland (1993), »Multicentre randomised double bind crossover trial on contamination of conventional ties and bow ties in routine obstetric and gynaecological practice«. In: *British Medical Journal*, Nr. 307(6919), S. 1582–1584.

SIND GORILLAS IM RAUM?

Diese scheinbar simple Frage, so mussten die entsetzten Psychologen Daniel Simons und Christopher Chabris von der Universität Harvard im Experiment feststellen, wurde leider auch dann mit »nein« beantwortet, wenn sehr wohl Gorillas nicht nur im Raum, sondern mitten unter den Beteiligten herumsprangen.

Dieser Effekt heißt »change/inattentional blindness« (Blindheit gegen Veränderungen) und tritt am stärksten dann auf, wenn den Versuchspersonen eine Aufgabe zugeteilt wird, die ihre Aufmerksamkeit sehr fesselt.

Um das zu bewirken, genügen allerdings schon lächerlich einfache Aufgaben. Im Versuch sollten die Betrachter eines Filmchens beispielsweise nur zählen, wie oft ein Ball den Boden berührte oder zwischen Spielern hin- und hergeworfen wurde. Nach 45 Sekunden geschah im Film etwas Unpassendes: Eine Frau mit offenem Regenschirm marschierte durch die Spieler – oder eben eine sehr deutlich als Gorilla zu erkennende, vollverkleidete Forscherin. Dumm gelaufen: Nur etwa die Hälfte der Betrachter hatte das gesehen…

Dem standen im Schnitt 46 Prozent der Zeugen gegenüber, denen rein gar nichts Seltsames am und im Film aufgefallen war. Wer diese verblüffende Blindheit nicht glauben will, kann sich – wie ich – den Film besorgen und wird staunen: Kündigt man nicht vorab an, worum es geht, dann übersehen tatsächlich etwa die Hälfte der Menschen das Zotteltier. Die Quoten können sogar noch stärker fallen, wenn das Publikum nicht aus Psychologiestudenten besteht, sondern aus Zuschauern beispielsweise bei öffentlichen Wissenschaftsshows. Kollege Richard Wiseman

33. Gorillas oder Studenten – oder beides?

von der Universität Hertfordshire erlebt bei solchen Gelegenheiten, dass teils nur noch zehn Prozent der Zuschauer den Gorilla sehen.

Am verblüffendsten ist wohl ein Zusatzeffekt, der sogar geübte Psychologen ins Schwanken bringt. Zeigt man das Gorillavideo nämlich einfach so (also ohne die Anweisung, die Ballwürfe zu zählen), dann sehen die meisten Menschen den Gorilla sofort. Es genügt also, einer Versuchsperson dasselbe Video zweimal vorzuspielen: Einmal mit der Anweisung, auf die Würfe zu achten und dann erneut, ohne jede Anweisung. Die meisten Menschen schwören dann Stein und Bein, dass es sich um verschiedene Filme handelt und der Gorilla in den zweiten Film hineingeschnitten wurde.

Diese massive Gelegenheitsblind- oder Taubheit ist im Alltag nichts Schlechtes, sondern nützt uns, wenn wir beispielsweise auf Partys nur einem einzelnen Gespräch, nicht aber dem Stimmengewirr der übrigen Gäste folgen möchten. Das Ausblenden von Unwesentlichem ist daher wohl mit Absicht in unsere Nervenverschaltung programmiert, damit wir uns besser konzentrieren können.

Die Aussage, jeder Mensch könne sich alles merken, was er jemals erlebt habe, kann daher auch nicht stimmen. Wir speichern in unserem Kurzzeitgedächtnis keineswegs alle Bilder ab, die vor unserem Auge ablaufen, sondern nur durch gerichtete Aufmerksamkeit ausgewählte. Versuche von Edward Vogel, Maro Machizawa, René Marois und Jay Todd zeigten fünf Jahre nach dem Gorilla-Test, dass nicht nur die Aufmerksamkeit beschränkt, was wir sehen, sondern auch unser Gehirn selbst: Die Obergrenze für gleichzeitig wahrgenommene Gegenstände oder Personen liegt bei vier. Das erklärt auch, warum der Gorillafilm doppelt tückisch ist: Erstens gibt der Versuchsleiter eine »falsche« Anweisung und zweitens sind schon vor Erscheinen des Gorillas mehr als vier Personen im Bild.

34. Wird vorab auf die Gorillas hingewiesen, so werden sie von allen Versuchspersonen gesehen – andernfalls nicht. Abb. Lisa Fuß.

• IG-GESAMTNOTE: Nicht wundern, nur staunen: Vielleicht hat Ihr Sprössling ja wirklich eine Elfe getroffen, und vielleicht war das vorhin im Flur ja doch nicht bloß ein Schatten… Das Paper* war seit Jahren ein heißer Kandidat für den Ig-Nobelpreis, wurde aber offenbar ungewollt vom betriebsblinden Komitee übersehen.

Im Jahr 2004 war es dann aber doch so weit und der Ig-Nobelpreis für Psychologie ging an die erfreuten Kollegen. Christopher Chabris hatte es nicht weit, da er sowieso auf dem Harvard-Campus arbeitet, während Daniel Simons extra aus Illinois anreiste. Der Weg lohnte sich aber, denn während der Preisverleihung tappte auf einmal ein Gorilla auf die Bühne – und diesmal übersah ihn niemand.

Als Kriminalist bestärken mich diese Versuche – vor allem das Beharren der Zuschauer, dass »da wirklich nichts war« darin – Zeugen weiterhin grundsätzlich nichts zu glauben, egal, wie sehr sie selbst von ihrer Version überzeugt sind.

Als Privatperson schmunzle ich ab sofort über alle liebesblinden Freunde – sie können wegen ihrer fehlgeleiteten Aufmerksamkeit nix dafür, wenn sie die Schwächen des neuen Partners nicht erkennen und einige Monate lang eine rosarote Brille tragen: Gelegenheitsblindheit…

»Sicher«. In: L. van Org, A. Hildebrand: *Der Tod wohnt nebenan. Spukgeschichten aus der großen Stadt,* Berlin 2006.

D. J. Simons, C. F. Chabris (1999), »Gorillas in our midst: Sustained Inattentional Blindness for dynamic events«. In: *Perception*, Nr. 28, S. 1059–1074.

J. J. Todd, R. Marois (2004), »Capacity limit of visual short-term memory in human posterior parietal cortex«. In: *Nature*, Nr. 428, S. 751–754.

E. K. Vogel, M. G. Machizawa (2004), »Neural activity predicts individual differences in visual working memory capacity«. In: *Nature*, Nr. 428, S. 748–751.

ZITRONENBIER

Mit Verwunderung und Neugier wurde vor einigen Jahren das in der Mini-Brauerei um die Ecke angebotene Bananen-Weißbier von der – in Bierdingen überkritischen – Bevölkerung meines Wohnviertels zunächst nur vorsichtig, dann aber immer öfter verkostet. Als Arndt Leike schließlich den exponentiellen Zerfall von Bierschäumen ausführlich darstellte (siehe *Lachende Wissenschaft*, S. 67), waren wir überzeugt, damit die letzten Geheimnisse vor allem obergäriger Getränke zu kennen. Doch es ging weiter. An der Forschungsfront tobte zuletzt der Streit, wie Weizenbier richtig über eine Zitronenscheibe eingegossen wird, die das Überschäumen mildern soll.

Zur Klärung taten sich der Chemiker Helmut Franke von der Uni Münster (Abt. Neurologie) mit Carsten Beuckmann (Tsukuba, Japan) zusammen und brachte das an einem Galgen im Glas hängende gelbe Obststückchen (Ø = 5 mm) ins noch leere Glas. Der Winkel der Zitronenscheibe wurde durch Drähte fixiert.

Das Bier kam aus einer mittels Muffen und Klemmen ebenfalls angewinkelten Pulle, deren Inhalt sich dann kontrolliert über das delikate Obst entleerte. Natürlich stand darunter eine Feinwaage, um das Gewicht des Glases samt steigendem Pegel zu messen.

Ergebnis: Während bei einem Winkel von null Grad zwischen Zitronen- und Erdoberfläche 20,6 Prozent des Biervolumens über das Glas schäumten und damit ungenießbar wurden, erwies sich eine um 90 Grad gekippte Zitrone als unerwartet optimal: kein Überschäumen mehr. (Für Spezialisten: Der Win-

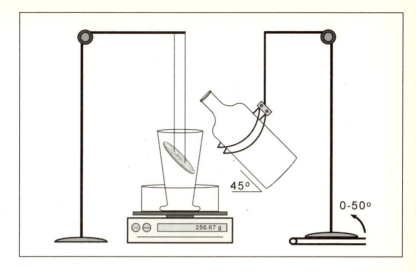

35. Versuchsaufbau von Franke und Beuckmann zur Ermittlung des optimalen Biereinschenkwinkels. Abb. Helmut Franke & Carsten Beuckmann.

kel zwischen Glas- und Flaschenlot betrug beim kontrollierten, konstanten Ausgießen 45 bis 95 Grad und der Regressionkoeffizient übers Zitrönchen nach zweiter Polynomialregression 0,9846 bei einer Kurve y = -0,0016 x 2 - 0,0739 x + 20,186.)

Als Nebenbefund zeigte sich, dass ein zitroniger Grundton nur dann im Bier auftritt, wenn das Scheibchen vor dem Gießen schon im Glas oder am Galgen montiert ist. Eine rein dekorative, nachträgliche Zitronenzugabe bewirkt seltsamerweise keine Geschmacksanreicherung ins Spritzig-Tropische.

• IG-GESAMTNOTE: Totale Weißbier-Unkenntnis in der neuen Welt: Von allen Journals und dem US-Ig-Komitee trotz zweimaliger Einreichung gnadenlos abgeschmettert. Mir egal, ich weiß jetzt jedenfalls, wie ein Weißbier optimal eingeschenkt wird – und Sie auch.

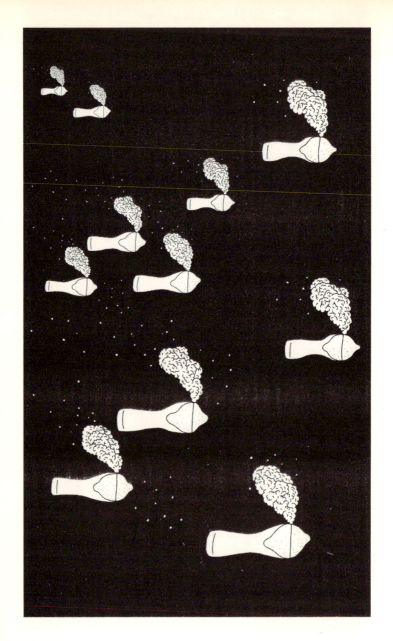

P.S.: Hinweis für alle stets früh aufstehenden TAs*: Alle Versuche wurden nach 20 Uhr durchgeführt. Es lohnt sich also, auch mal abends bei den kauzigen Wissenschaftlern rein-zuschauen, und wenn's nur auf ein Bier ist.

H. Franke, C. T. Beuckmann (o.J.), The Art of Pouring. Unveröffentlichte Studie; pers. Mitteilung.

VERLIEBT ODER VERRÜCKT?

Liebe hat so weitreichende Folgen, dass die körperlichen Vorgänge, die sie steuern, schon sehr lange bestehen müssen«, stellen die großteils italienischen Autoren der folgenden Studie zu Recht fest. Das nahmen sie zum Anlass, um einen Botenstoff im Gehirn näher unter die Lupe zu nehmen, der so ziemlich alles bewirken kann, was Verliebte auszeichnet: Den Wunsch nach Nähe und Zuneigung, zwanghafte Verhaltenszüge und stark schwankende Launen. Oder weniger neutral ausgedrückt: Turteln mit rosaroter Brille, Küsschengeben und Handyterror.

»Wir überlegten uns«, so die Autoren, »dass man Menschen, die frisch verliebt sind, daher an einer veränderten Menge dieses Botenstoffes im Gehirn leicht erkennen müsste.« Also wurden 17 weibliche und drei männliche Medizinstudenten aus Pisa ausgewählt, die sich in den letzten sechs Monaten heftig verknallt hatten (und es nach eigenem Empfinden immer noch waren).

Ihnen gegenübergestellt wurden 20 Patienten, die unter Zwangsgedanken und -vorstellungen litten, beispielsweise dem Drang, alltägliche Dinge zu zählen (Straßenlampen, Gullideckel, Fenster) oder dauernd zu prüfen, ob die Herdplatte auch wirklich ausgeschaltet ist.

Die studentischen Versuchspersonen (VP) zeichneten sich dabei durch folgende Eigenschaften aus:

- noch nie wegen Stimmungsschwankungen in psychiatrischer Behandlung gewesen,

— seit »Kurzem« verliebt (höchstens sechs Monate),
— mindestens vier Stunden pro Tag an den aktuellen
   Schwarm denkend,
— nie seelisch verändernde Drogen benutzend.

Außerdem, und das war entscheidend, durften sie noch nie Geschlechtsverkehr mit dem neuen Partner gehabt haben.

Da die Versuchsleiter bereits ahnten, dass ihre verliebten Studenten sich im Test auffällig benehmen würden, stellten sie noch eine dritte Gruppe von 20 Menschen zusammen, die alle um die dreißig Jahre alt und körperlich und seelisch gesund waren. Sie stellten die Normalos dar, die weder zwangskrank noch verknallt waren.

Alle sechzig Probanden aus den drei Gruppen wurden sodann einem Test für Zwanghaftigkeit unterzogen (Yale Brown Obsessive-Compulsive Scale). Die Werte reichten dabei von null (völlig unauffällig) bis vierzig (außerordentlich starke Zwangspersönlichkeit).

Ergebnis: Während die Zwangspatienten im Schnitt »moderat, aber deutlich erkennbar« nicht von ihrem Thema lassen konnten (im Schnitt 19 von 40 Punkten), gelang das der dritten Gruppe ohne Probleme (im Schnitt nur zwei Punkte). Die verliebten Studierenden hingegen waren schon schwer auf dem Weg in den Wahn: Sie erreichten mit durchschnittlich acht Zwangspunkten immerhin die Zuordnung »mild zwanghaft«. Dafür schnitten sie in einem weiteren Test aber besser als alle anderen ab: Die Verliebten waren am wenigsten niedergeschlagen – noch weniger als sogar die sonst total normale Gruppe.

»Die Ähnlichkeiten zwischen einer ausgewachsenen Besessenheit und den deutlich überbewerteten positiven Zügen der neuen Liebe, der man ja blind alles nachsieht, sind klar erkennbar«, erklären die Forscher. »Natürlich hat die starke Wahrnehmungseinschränkung ihren Sinn. Nur so besteht die Chance, sich an einen Partner zu binden und ihm treu zu sein, obwohl er wie jeder Mensch Macken hat.«

Als letzter Schritt wurde nun gemessen, ob die verblendeten unter den Probanden wirklich eine veränderte Menge des Nervenüberträgers (5-HT / Serotonin) aufwiesen. Nach einer morgendlichen Blutspende von 20 Millilitern wurden die Blutplättchen abgeschleudert, aufgelöst und dann auf ihren Gehalt an 5-HT untersucht. Dieser Blutbestandteil bewirkt in gesenkter Menge Verhaltensauffälligkeiten, macht also irre. Wie sich zeigte, fand sich bei den Psychiatriepatienten tatsächlich nur etwa die Hälfte des Überträgerstoffes. Untertroffen wurde diese Halbierung aber um noch einmal knappe zehn Prozent von – genau – den gerade rosarot Bebrillten.

»Man könnte uns zwar vorwerfen«, sagen die Kollegen, »dass unsere Wahl von Studierenden, die zwar verliebt waren, aber nicht mit dem neuen Partner ins Bett gingen, verbogen ist. Das sehen wir aber nicht so. Liebe ist doch ohne Sex nachweislich viel leidenschaftlicher – und den Grund dafür kennen wir jetzt auch. Es liegt an der Veränderung des 5-HT-Transporters.

Manchen Menschen gelingt es, den frisch verliebten Zustand mit damit einhergehender gedanklicher Einschränkung auf den Partner lange aufrechtzuerhalten. Da das Körperliche wegfällt, verallgemeinern und übersteigern sie die Liebe immer weiter und werden dann zu Dichtern oder schreiben Musik, die sie der geliebten Person widmen.

Wir haben also gezeigt«, fassen die Forscher zusammen, »dass verliebt sein ganz wörtlich und direkt bedeutet, nicht mehr normal zu sein. Dass gerade das 5-HT-Netzwerk dabei eine entscheidende Rolle spielt, ist eigentlich kein Wunder, denn es steuert ja auch sonst viele Verhaltensweisen und Abläufe im Körper, die dazu passen, darunter die Nahrungsaufnahme, Fortpflanzungstrieb, Süchte, Angst, Niedergeschlagenheit, Zwanghaftigkeit, Schmerz, Erregung und Schlaf.

Liebe ist im Grunde also ein begrenzter Wahn, der sich be-

sonders durch Uneinsichtigkeit, also übertriebener Sicherheit in einer Sache auszeichnet. Aus der romantischen Entwicklungsstufe mit einem Mindestmaß an Einsicht kann so schnell der bekannte Eifersuchtswahn entstehen.«

Diese Tatsache bestätigt sich auch in neueren Experimenten. So vergessen romantisch Verliebte in Gedächtnistests beispielsweise leichter die Gesichtszüge von anziehenden Alternativlovern, die man ihnen anbietet. Auch hier kommt es nicht auf den Wunsch nach Sex an, sondern es genügt das reine Anhimmeln, um die Ausblendung des Anderen und die Einblendung des oder der Einen zu bewirken.

Zum Schluss die gute Nachricht: Wem Verliebtsein ab sofort zu gefährlich ist und wer daher lieber Abstand von romantischen Gefühlen halten will, um nicht den Verstand zu verlieren: Warten genügt. »Nach zwölf bis achtzehn Monaten steigt die Menge an 5-HT im Blut wieder messbar an«, berichten die italienischen Kollegen. »So wie bei Patienten, die von ihren Zwangsvorstellungen geheilt werden, erreichen die Werte der nicht mehr frisch Verliebten dann wieder eine normale Stufe. Selbst unsere Teststudierenden wurden – zumindest in dieser Angelegenheit – wieder so normal wie alle anderen Menschen.«

• IG-GESAMTNOTE: Man sollte als Nächstes eine Art Gegenspieler des Serotonins, den Botenstoff Dopamin, untersuchen: Seine veränderte Ausschüttung bewirkt, dass Menschen sich nach Neuem umsehen. Auch hier müsste die Menge bei romantisch Verliebten sinken und bei wilden Männern und Frauen steigen. Es gibt also noch viel zu tun. Freiwillige für die Rasselbande, die ausschweifen will, melden sich bitte bei mir, die Romantiker hingegen besser in Italien. Der Rest wird sich wie von selbst ergeben.

D. Marazziti, H. S. Akiskal, A. Rossi, G. B. Cassano (1999), »Alteration of the platelet serotonin transporter in romantic love«. In: *Psychological Medicine*, Nr. 29, S. 741–745.

G. C. Gonzaga, M. G. Haselton, J. Smurda, M. S. Davies, J. C. Poore (2008), »Love, desire, and the suppression of thoughts of romantic alternatives«. In: *Evolution and Human Behavior*, Nr. 29, S. 119–126.

TISCHTANZENDE TRINKGELDER

Eine der sinnlosesten Erfindungen der Neuzeit ist der ins deutschsprachige nicht übersetzbare Lapdance. Hierbei »tanzt« eine Dame für Zuwendungen ab 15 Euro (preislich nach oben unbegrenzt) im Schoß eines Bar-»Gastes«. Obwohl ich – kein Witz – bereits in mehreren Städten, darunter Budapest (Blue Star Club), Huddersfield (Wildcats), Seattle (Deja Vu) und Stuttgart (Tahiti Bar), bei den Damen selbst nachgefragt habe, welchen Nutzen es haben soll, wenn sich ein bekleideter Mann in einen Stuhl lümmelt und auf ihm eine je nach eingesetztem Geldbetrag mehr oder weniger bekleidete Tänzerin räkelt, habe ich darauf keine Antwort erhalten. Vielleicht gibt es auch keinen, außer dem, dass sich Einsamkeit und Uncoolness von Kunden auf diese Art zügig in Bares verwandeln lassen.

Obwohl das schon irre genug ist, gibt es aber einen bizarren Trick, wie man den Betanzten noch viel mehr Geld aus der Tasche ziehen kann. Die Methode wurde von den Kollegen Miller, Tybur und Jordan von der Universität New Mexico entdeckt (oder zumindest erstmals wissenschaftlich dokumentiert) und funktioniert mit Abstand am besten, wenn die Tanzenden keine hormonellen Verhütungsmittel nehmen.

Die drei Psychologen baten dazu 18 hauptberufliche Table- und Lapdancerinnen, zwei Monate lang ihr tägliches Einkommen, genauer gesagt, die von ihnen erwirtschafteten »Trinkgelder« sowie ihre Arbeitszeiten und den Stand des Menstruationszyklus' zu notieren. Nach 296 Tanzschichten mit insgesamt 5300 Schoß-tänzen zeigte sich, dass es abhängig vom Zyklus zu erheblichen Einkommensunterschieden kam.

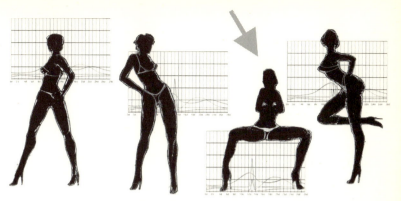
36. Nicht die Güte des Schoßtanzes, sondern der weibliche Zyklus entscheidet über das Einkommen der Tänzerin. Abb. Lisa Fuß.

Verdienten die Tänzerinnen während der Menstruation im Schnitt 185 Dollar pro Fünf-Stunden-Schicht, so stieg das Einkommen während der zwar unfruchtbaren, aber nichtmenstruellen Zeit auf 260 Dollar, um während der fruchtbarsten sechs Tage um den Eisprung herum auf 335 Dollar zu explodieren.

Diese Erscheinung war bei Frauen, die hormonelle Verhütungsmittel nahmen, nicht zu bemerken. Genauer gesagt, sie verdienten immer gleich wenig, nämlich stets um 185 Dollar pro Schicht – die Steigerung des Einkommens während der fruchtbaren Zeit bleibt bei ihnen also völlig aus. Sie haben ja auch keine.

»Daran kann man erkennen«, so die Forscher, »dass bei der Höherentwicklung des Lebens auf der Erde nicht alle urtümlichen Eigenschaften verloren gingen oder zumindest unerkennbar wurden. Davon gehen zwar viele Forscher aus, weil sie meinen, dass die alten, sozusagen tierischen Reize sehr lange andauernden Paarbindungen entgegenstehen könnten. Das stimmt aber nicht, wie wir am Beispiel der Lapdancerinnen deutlich zeigen konnten.«

Zwar scheint diese dem vor allem dem Körperlichen ver-

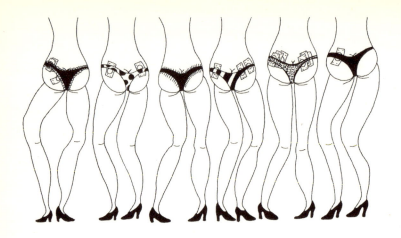

haftete Sichtweise politisch nicht sehr korrekt. Doch stehen die Kollegen mit ihren Forschungsergebnissen nicht allein: Beispielsweise fanden in den Jahren 2001 bis 2006 gleich drei Arbeitsgruppen heraus, dass Frauen kurz vor dem Eisprung und damit dem fruchtbarsten Zeitpunkt (das Sperma bleibt auch bei Menschen einige Tage in der Gebärmutter fruchtbar) nach Meinung von Männern am besten riechen. Außerdem haben Frauen während ihres Fruchtbarkeitshöhepunktes einen symmetrischeren Körperbau, ein für heterosexuelle Männer attraktiveres Gesicht und sprechen dann sowohl schöpferischer als auch fließender.

»Der große Unterschied zur Arbeit unserer Kollegen«, sagen Miller und seine Mitstreiter, »ist aber, dass wir anstelle von Laborversuchen in der freien Wildbahn, oder besser gesagt im echten Leben, arbeiten.«

Die Methode der direkten Befragung anstelle von Versuchen in Universitätslaboren setzt sich durch. Ebenfalls von der Universität New Mexico stammt beispielsweise eine Studie, in der sich zeigte, dass heterosexuelle Frauen immer dann am meisten unerwartete Handy-Anrufe (»Was machst Du gerade, Schatz?«) und Schutzverhalten (Wachsamkeit und Zuwendung) von ih-

rem Lover erhielten, wenn die Frauen sich in der fruchtbaren Zeit der Eireifung und des Eisprunges befanden.

»Damit ist deutlich gezeigt, dass der Östrus* für die männlichen Partner unbewusst wahrnehmbar ist und das Verhalten beider Geschlechter beeinflusst«, erklären die Psychologen.

Doch damit zurück zu den Tänzerinnen. »Selbst steuern können die Frauen ihr Einkommen kaum – in unseren Versuchen mussten sie jeden Tag gegen die Konkurrenz von fünf bis dreißig »Rivalinnen« antanzen, um ihr Geld zu verdienen. Dass sie dennoch nur in der Zeit der höchsten Fruchtbarkeit eine Einkommensspitze erreichten, beweist, dass dieser Vorgang durch die männliche Nachfrage und nicht durch ein absichtlich steuerbares Verhalten der Frauen bewirkt wird.«

Wie genau die Signale an die Kunden gelangen, ist allerdings nach wie vor unbekannt. »Denn die im Club sichtbaren Zeichen der Menstruation«, so die Forscher aus New Mexico, »lassen sich problemlos vertuschen. Da die Tänzerinnen ihre Höschen anlassen, können sie Tampons benutzen und diese in den zahlreichen Pausen jederzeit wechseln. Die Tänzerinnen in den hier untersuchten Bars in Albuquerque haben zudem oft Brust-Implantate, färben und rasieren sich die Haare und sind gut trainiert. Während des Tanzes auf der Bühne können sie nicht viel verdienen, da ihnen nur die Männer aus der ersten Reihe ein wenig Geld zustecken, was aber nur ein Zehntel ihres Einkommens ausmacht.

Es muss den Tänzerinnen daher gelingen, durch einen privaten Schoßtanz das eigentliche Einkommen zu erzielen. Da die Kunden, bevor sie sich einen ausführlichen Tanz gönnen, oft erst mehrere Tänzerinnen für etwa 14 Dollar probetanzen lassen, geht der Entscheidung für eine fruchtbare Tänzerin offenbar ein Mix aus sprachlichen, geruchlichen, Gefühls- und weiteren, äußerlichen Eindrücken voraus. Diese gesamtheitliche Nähe ist ein großer Vorteil unseres Versuchsaufbaus – und damit vor allem der Methode des bloßen Fotovorlegens überlegen.«

»An der Tatsache, dass die Frauen auch während der Menstruation noch für Schoßtänze gebucht werden, kann man erkennen, dass eine gewisse Verschleierung der Fruchtbarkeit durchaus vorliegt«, so die psychologischen Kollegen. »Sie ist aber nicht perfekt, wie eben viele sexuelle Waffen nicht absolut wirken und kein Geschlecht in diesem Rennen je gewinnt.«

Die abgesehen von den albernen Lapdances verrückteste Entdeckung der Forscher war zugleich die am wenigsten erwartete. Obwohl zuvor von mehreren Forschungsgruppen Hunderte von Gesprächen mit Tischtänzerinnen durchgeführt worden waren, war keiner der Frauen jemals aufgefallen, wodurch ihre Trinkgeldschwankungen entstanden. Es bedurfte eines männlichen Psychologenteams ausgerechnet aus dem verschnarchten Albuquerque, das als eine der wenigen Zugnummern gerade einmal einen Heißluftballonwettbewerb bieten kann, um diese grundsätzlichen Informationen zum Gang des Lebens zu gewinnen, die einerseits ein gut brauchbares Berufsgeheimnis für Tänzerinnen darstellen, andererseits aber sogleich in ausgezeichneten wissenschaftlichen Zeitschriften veröffentlicht wurden.

Schlusswort der Autoren: »Nach unseren Beobachtungen gibt es für Tischtänzerinnen, da sie ihren Östrus nicht steuern können und derzeit noch unbekannt ist, welche Signale sie zu dieser Zeit so attraktiv machen, nur folgende Methode, um ihr Einkommen unabhängig vom Monatszyklus zu erhöhen: Sie müssen die Aufmerksamkeit auf betrunkene und leichtgläubige Verschwender richten und dafür die intelligenten, gut aussehenden und anspruchsvollen Herren am besten links liegen lassen.« Na dann: Gute Nacht.

• IG-GESAMTNOTE: Ganz heißer Kandidat – erhielt kurz vor Erscheinen dieses Buches einen Ig-Nobelpreis. Prüfen Sie am besten selbst unter http://improbable.com, welchen Unsinn – denn der ist traditionell und vorprogrammiert – sich das Forscherteam für die nächste Preisverleihung im Oktober in Harvard ausdenkt…

G. Miller, J. M. Tybur, B. D. Jordan (2007), »Ovulatory cycle effects on tip earnings by lap dancers: economic evidence for human estrus?«. In: *Evolution and Human Behavior*, Nr. 28, S. 375–381.

S. C. Roberts, J. Havlicek, J. Flegr, M. Hruskova, A. C. Little, B. C. Jones u.a. (2004), »Female facial attractiveness increases during the fertile phase of the menstrual cycle«. In: *Proceedings of the Royal Society of London Series B*, Nr. 271(S5), S. S270–S272.

C. S. Symonds, P. Gallagher, J. M. Thompson, A. H. Young (2004), »Effects of the menstrual cycle on mood, neurocognitive and neuroendocrine function in healthy premenopausal women«. In: *Psychological Medicine*, Nr. 34, S. 93–102.

SCHOSSTANZGEFAHREN

Wie gut, dass mir das folgende Paper* erst nach Abschluss der Recherche für den vorigen Artikel »Tischtanzende Trinkgelder« in die Hände fiel: Schoßtänze sind nicht nur rätselhaft, sondern auch gefährlich[1]. Hier der dazu gehörige Fallbericht von James Roberts, Notarzt am Mercy Hospital in Philadelphia:

»Kürzlich tauchte in unserer Notaufnahme eine ansonsten und bislang gesunde 23-Jährige auf und bat um Hilfe, weil sie »schon wieder so eine Beule am Hintern« habe. Es handelte sich in der Tat um einen recht eindrucksvollen, etwa zwei Zentimeter durchmessenden Abszess an ihrem Oberschenkel, der von deutlich sichtbarer Orangenhaut umgeben war.

Die Patientin hatte Schwären wie diese nach eigenen Angaben öfters. Bis jetzt hatte sie die Eiterbeulen selbst aufgestochen oder mit keimtötenden Salben versucht, die Entzündungen zurückzudrängen. Weil es in ihrem Club aber schon geradezu als Berufskrankheit galt, solche Hautveränderungen mit nach Hause zu nehmen, wandte sie sich nun an uns.

Wir prüften also, ob die Patientin vielleicht an Zuckerkrankheit, Aids oder anderen Schwächen des Immunsystems litt, was derartige Geschwüre ja erheblich begünstigen würde. Das war aber nicht der Fall.

Wie sich stattdessen herausstellte, arbeitete die Frau als »exotische Tänzerin«. Ihre Haut war darum – das heißt

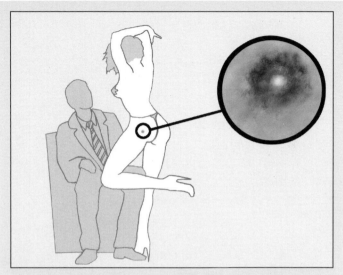

37. Achtung, Schoßtanz: Es drohen hässliche Flecken auf der Haut.
Abb. Lisa Fuß.

wegen der vielen Schoßtänze, die sie pro Abend leisten musste – sehr oft mit der nackten Haut von Kunden in enger Berührung.

Wir stachen der Frau also die Beule auf. Dabei und beim Ausräumen trat reichlich Eiter aus. Wir verschrieben ihr Bakterien tötende Tabletten, und als sie nach zwei Tagen zur Kontrolle wieder erschien, war die Entzündung auch wirklich zurückgegangen.

Derweil hatten wir Bakterienkulturen angelegt und festgestellt, dass der Erreger ein gegen Penizillin widerstandsfähiger Stamm von *Staphylococcus aureus* war.

Es handelt sich dabei nicht etwa um einen Einzelfall. Ganz im Gegenteil: Die innerhalb von Gruppen weitergegebenen, penizillinfesten Bakterienübertragungen auf der Haut nehmen in letzter Zeit bei uns regelrecht überhand.

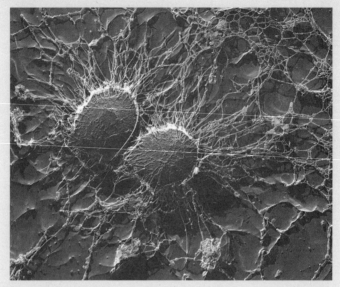

38. Das Bakterium der Hautreibenden: *Staphylococcus_aureus*. (Rasterelektronenmikroskopische Aufnahme, 50.000-fach vergrößert.) Foto: Agricultural Research Service/United States Department of Agriculture.

Wir sehen sie mittlerweile bei ansonsten völlig gesunden Häftlingen, Soldaten, Sportlern, Tätowierten und natürlich deren Angehörigen.

Man könnte die ganze Sache für harmlos halten, und deswegen liest man auch kaum Berichte darüber. Gerade die widerstandsfähigen Bakterienstämme (CA-MRSA) enthalten aber beispielsweise mecA- und Panton-Valentin-Leukocidin-Exotoxin-Gene, die für besonders fiese und schwer heilbare Entzündungen verantwortlich sind. Obwohl wir bis jetzt gedacht hatten, dass Schoßtanzen zu den ungefährlichen Berufen gehört, wurden wir nun eines Besseren belehrt.

Seitdem achten wir verstärkt auf diese Art der Infektion. Prompt hatten wir kurz darauf den nächsten Fall, der genau gleich gelagert war. Wir gehen daher davon aus, dass ein Clubbesucher dieses Bakterium auf die Frauen überträgt. Was sie bis heute nicht wissen, ist, dass das Bakterium so schwer zu behandeln ist, dass man sich notfalls ins Krankenhaus einweisen lassen muss.

Obwohl wir ihr eine weitere Nachbehandlung anboten, und obwohl wir ihr gesagt hatten, dass sie ihre Kolleginnen zur Untersuchung mitbringen kann, hörten wir allerdings nie wieder etwas von unserer exotisch tanzenden Patientin.«

• IG-GESAMTNOTE: Wieso eigentlich »nackte Haut«? Bei unseren Recherchen vor Ort blieben die Kunden immer angezogen. Vermutlich haben wir die falschen Tänzerinnen angesprochen. Wohl aus den üblichen Gründen der politischen Korrektheit kein Kandidat für den Ig-Nobelpreis, dafür aber großes Lob an den Kollegen, der nicht nur das Geschwür, sondern aus unbekannten Gründen auch die Orangenhaut der 23-jährigen Patientin genau dokumentiert hat.

J. R. Robert (2007), »Lap dancer's lament: an occupational hazard related to community-associated methicillin-resistant Staphylococcus aureus«. In: *Annals of Emergency Medicine*, Nr. 49, S. 116 f.

[1] Schleierhaft sind Lapdances übrigens nicht nur mir, sondern auch meinen guten Freundinnen Saskia Reibe, Lisa Fuß und Katli Heuser, die mich bei der Stuhltanzrecherche an zweifelhaften Orten heldinnenhaft unterstützt und vor betrunkenen Frauenhorden mutig abgeschirmt haben.

HARDCORE-EINPARKEN

Da ich selber zwar keinen Führerschein besitze, aber als Beifahrer das ständige Theater ums Einparken seit Jahren mit Erstaunen verfolge, sah ich mich nach einer Hilfestellung für die offenbar leidgeplagten Studentinnen um, die den Tatortbus hin und wieder dorthin steuern müssen, wo kein Zug mehr hält.

Die Suche führte mich zu Kollega Rebecca Hoyle, Mathematikerin an der Universität Surrey im verschlafenen Guildford ganz im Süden Englands. Bekannt war die Stadt bislang vor allem dadurch, dass Lewis Carroll, Autor von *Alice im Wunderland*, und der homosexuelle sozialistische Dichter Edward Carpenter auf dem dortigen Bergfriedhof begraben sind. Zudem behauptet der berühmte Ford Prefect aus dem Roman *Per Anhalter durch die Galaxis* steif und fest, aus Guildford zu stammen, was aber unwahr ist, da er bekanntlich aus der Nähe von Betelgeuse kommt.

Im Jahr 2003 entstand nun in genau diesem Städtchen die Formel, mit der jeder Mensch berechnen kann, wie die aktuelle Parklücke am besten zu nehmen ist. Man benötigt nur einen Taschenrechner, ein wenig Zeit und ein Metermaß.

Sind Sie bereit? Dann notieren Sie sich am besten schon vor dem Losfahren Folgendes:

- die Breite Ihres Autos an seiner weitesten Stelle (w)
- die Länge des halben Wegs zwischen Vorder- und Hinterachse Ihres Autos (c)
- den Abstand von obigem Punkt c zum Heck Ihres Autos (b)
- den Abstand erneut von Punkt c zum Bug Ihres Autos (f)
- den kleinsten mit Ihrem Auto möglichen Wendekreis (Radius r)

Wenn's dann ans echte Einparken geht, schreiben sie je nach Parklücke noch den gewünschten Abstand zur Bordsteinkante beim Aussteigen auf. Dieser letzte Wert heißt k.

Jetzt gelten folgende Formeln:

$$p = r - \frac{w}{2}, \quad G \geq w + 2r + b, \quad f \leq w + 2r - fg$$

$$\max\left(\left(r+\frac{w}{2}\right)^2 + f^2, \left(r+\frac{w}{2}\right)^2 + b^2\right) \leq \min\left((2r)^2, \left(r+\frac{w}{2}+k\right)^2\right)$$

Wenn Sie die echten Maße Ihres Autos und der Parklücke anstelle der betreffenden Buchstaben eintragen, dann kennen Sie jetzt:

- die Mindestlänge der Parklücke, die Sie benötigen (G),
- den Abstand, den Sie zum parallel stehenden (schon parkenden) Auto zu Beginn des Einparkens haben sollten (p),
- den sinnvollen Abstand zum Vorderauto beim Ende des Einparkens (f*g).

»In Worte übersetzt heißt das einfach«, sagt Rebecca Hoyle, »dass man mit den Formeln ermittelt, wo genau man je nach

Parklückenlänge das Manöver beginnen sollte und wie man im gegebenen Wendekreis zu welcher Zeit in die Kurve lenken muss.«

Die Formeln sehen komplizierter aus, als sie sind. Die Übersetzung in Worte ist einfach:

$$p = r - \frac{w}{2}$$

bedeutet, dass Ihr Auto anfangs parallel zum bereits parkenden Auto stehen muss. Der Abstand zu diesem schon geparkten Auto sollte nun laut Formel genau gleich groß sein wie der engstmögliche Radius des (durch die Mittellinie Ihres Autos gemessenen) Wendekreises minus der halben Breite Ihres Wagens.

$$G \geq w + 2r + b$$

sagt aus, dass Ihre Parklücke (falls sie trotz der ganzen Rechnerei noch nicht von einem anderen Auto besetzt ist) mindestens so lang sein muss wie die Breite Ihres Autos plus zweimal den Radius des Wendkreises (wieder gemessen durch die Mittellinie des Wagens) plus dem Abstand zwischen der Hälfte des Achsenabstandes (also des Abstandes zwischen beiden Achsen, nicht der Breite der Achse) und dem Heck des Autos. »Wichtig ist«, so Rebecca Hoyle, »dass die Werte für die Parklückenlänge nur gelten, wenn man wirklich in einer S-Kurve einparkt. Bei anderen Parktechniken gelten andere Werte.«

Damit haben Sie es schon fast geschafft. Jetzt nur noch

$$f \leq w + 2r - fg$$

was bedeutet, dass die Länge vom halben Weg zwischen den beiden Achsen zum Bug Ihres Autos kleiner ist als die Breite Ihres Wagens plus zwei Mal dem Radius (erneut durch die Mittellinie des Autos gemessen) des Wendkreises minus des Abstandes zwischen Ihrem Auto beim Ende des Einparkens und dem Heck des davor stehenden Autos.

39. Die Schöpferin der Einparkformel in autofreier Umgebung.
Foto: Rebecca Hoyle.

Ab jetzt ist es kinderleicht, denn nun haben Sie alle Daten, die Sie zum kratzer- und stressfreien Einparken brauchen:

1. Beginnen Sie mutig das Einparken und steuern Sie Ihr Auto so lange parallel rückwärts, bis Sie an der Stelle ankommen, an der die halbe Strecke zwischen Abstand Ihrer Achsen auf der Höhe der hinteren Stoßstange des schon parkenden Autos liegt.

2. Fahren Sie dann langsam weiter rückwärts, schlagen nun aber das Lenkrad so ein, dass Ihr Auto haargenau in einem Winkel von 45 Grad zum Bordstein steht. Drehen Sie das Lenkrad dann komplett, also bis zum Anschlag in die andere Richtung und fahren langsam weiter rückwärts, bis Sie parallel zum Bordstein stehen.

3. Der perfekte Abstand Ihres Autos zum Bordstein ist in diesem Moment der Wert k, den Sie ja schon vorab notiert haben.

4. »Die übrige Formel beschreibt nun nur noch, wie man verhindert, an das vordere Auto oder die Bordsteinkante anzustoßen«, erklärt die Mathematikerin. Doch das passiert wohl eh nicht, denn *diesen* Abstand kann man/frau meist selbst über den Lenker erspähen.

»Ich habe die Berechnung fürs Einparken wirklich auf die einfachsten Zeichenfolgen heruntergebrochen«, berichtet die Kollegin. »Das Ganze kann auch viel ausführlicher und schwieriger beschrieben werden. Das gilt beispielsweise, wenn man das Einparken in erster Linie als Problem der Geschwindigkeitssteuerung auffassen würde: Das spielt im Alltag aber eine untergeordnete Rolle.«

Hier übrigens noch ein kleiner Geheimtipp der Mathematikerin: Nutzen Sie alle spiegelnden Flächen, beispielsweise am Nachbarauto, um einzuschätzen, wo genau Sie beim Einparken stehen, fahren oder Kratzer erzeugt haben.

- IG-GESAMTNOTE: »Ich begreife *überhaupt* nicht, was an meiner Formel so toll sein soll«, mailte mir Kollegin Hoyle bescheiden. »Es gibt mittlerweile doch noch bessere Formeln, die das Problem der S-Kurve beim Einparken viel genauer beschreiben. Druck doch lieber die ab!«

Falscheinparker verursachen allerdings alleine in England Reparaturkosten von 200 Millionen Euro. Davon könnte man fünf der teuersten und größten Luxusjachten der Welt (»Wally Island« von Luca Bassani) kaufen – darauf fünf Wohnetagen, Kino, Bibliothek und Hubschrauberlandeplatz. Vorteil: Nie wieder einparken ...

R. Hoyle (2003), »Requirements for a perfect s-shaped parking manoeuvre in a simple mathematical model«. In: University of Surrey, Vorlesungs-Skript, o.B.

Ch. Römer (2007), »Wally Island – Luxusjacht im Tankerformat«. In: Worldwide Luxus, 19. März 2007; siehe http://www.worldwide-luxus.de/50226711/ wally_island_luxusjacht_im_tankerformat.php

TOT UND TOTER

Achtung, jetzt wird es skurril. Vielleicht haben Sie sich gefragt, warum Kollegen (Referees*) frisch eingereichte Artikel von Forschern ansehen und erst danach – abhängig von deren Urteil – entschieden wird, ob die Texte gedruckt werden oder nicht.

Hier ein Beispiel zur Erklärung. Ich bin Mitherausgeber einer indischen Zeitschrift für forensische Gift- und Verletzungskunde und musste entscheiden, ob wir einen Fachartikel zu folgendem Thema drucken sollten:

»Heimlicher Sex mit Leichen, die keine Angehörigen und kein Testament hinterlassen haben: Eine Leiche ist keine Sache, aber auch kein Mensch. Daher sollte es keine Verbote dafür geben, was man mit einer solchen Leiche macht – zumindest solange es niemand erfährt.«

Es dauerte mehrere Tage, bis ich die Ablehnung dieses Artikels verfasst hatte. Zum Glück kannte ich in der Gesellschaft zur wissenschaftlichen Untersuchung von Parawissenschaften (GWUP) Kollegen, die mir bei der damit verbundenen philosophischen Problematik helfen konnten (ich verstehe nichts von Philosophie). Falls auch Sie einmal zum Thema Nekrophilie befragt werden – hier mein Text. Anstelle einer Ablehnung haben wir ihn dann zusammen mit dem Pro-Artikel abgedruckt ...

Heimliche Nekrophilie: vielleicht rechtens, aber trotzdem ein Problem.

Durch eine Laune des Schicksals und als Mitherausgeber dieser Zeitschrift wurde ich gebeten, eine Veröffentlichung zu kommentieren, die sich damit befasst, dass Nekrophilie kaum eine Straftat darstellen kann. Sie kann höchstens einerseits, je nach örtlichen Gesetzen, eine »Störung der Grabes- oder Totenruhe« sein. Allerdings muss die Leiche nicht unbedingt aus dem Grab herausgenommen werden, um sexuelle Handlungen an ihr zu vollziehen.

Zudem haben viele Gesellschaften entweder ein blindes Auge im Hinblick auf Nekrophilie, oder sie verbieten sie gleich ausdrücklich, weil eine menschliche Leiche weder eine Person ist (nicht am Leben), noch eine Sache (vormals menschliche Lebewesen werden aus kultureller Sicht nicht als »Ding« betrachtet).

Das neue Argument im Artikel meiner Kollegin besagt nun, dass aus ethischer Sicht Nekrophilie nichts Falsches sein kann, weil dabei niemand verletzt oder unangemessen berührt wird, solange die Verwandten der verstorbenen Person (und die des Nekrophilen) oder die Öffentlichkeit nichts davon wissen. Wovon wir hier also sprechen müssen, ist die heimliche Nekrophilie.

Nachdem ich mit zwei deutschen Philosophen darüber gesprochen habe, verstehe ich nun das rein verstandesmäßig hergeleitete Argument. Ich sehe ein, dass heimliche Nekrophilie von einem frischen ethischen Standpunkt aus – nicht aus Sicht vorherrschender moralischer oder religiöser Werte, die nur althergebracht sind –, »schon okay« sein könnte.

Um es mit den Worten Martin Mahners, eines der beiden Philosophen, zu sagen:

»Ich fürchte, gegen das Argument ist wenig einzuwenden. Natürlich kommt das alles auf den philosophischen Hintergrund an, dem man anhängt. Ein religiöser Mensch wird das anders sehen als ein Atheist.

Ich äußere mich jetzt mal als Naturalist. In der Tat ist ein Toter keine Person mehr. Damit hat er alles Interesse an seinem Körper verloren. Ein Argument wäre allenfalls, dass, wenn jemand ein Interesse daran äußert, dass sein Leichnam auch nach dem Tode pfleglich behandelt wird, dieser Wunsch respektiert werden sollte. Aber selbst hier könnte man fragen, warum man das tun sollte.

Wir behandeln Leichen wohl hauptsächlich nur wegen der Angehörigen so »nett«. Sind nun keine Angehörigen da und hat der Betroffene zu Lebzeiten keinen Wunsch bezüglich des Umgangs mit seinem Leichnam geäußert, dann steht meines Erachtens die Frage des genannten Artikels durchaus nicht ohne Berechtigung im Raum. Ich sehe also nicht, warum man den Artikel abwehren sollte.

Man könnte allenfalls noch ein Argument bringen, wie es Kant zum Umgang mit Tieren gebracht hat. Für Kant sollten Tiere ja nicht um ihrer selbst willen gut behandelt werden, etwa weil sie leidensfähig sind, sondern damit der Mensch nicht selbst verroht und demnächst auch Menschen schlecht behandelt. Das sehen wir heute zwar anders, aber man könnte es natürlich extrapolieren und sagen, wer Leichen schlecht behandelt, der könnte demnächst auch Menschen schlecht behandeln.

Das ist aber schon das einzige Argument, das mir einfällt. Ich finde den genannten Artikel erfrischend, denn wir müssen immer wieder auch über alteingesessene Tabus nachdenken. Für mich also kein Grund, ihn abzulehnen.«

Verrohung ist nun allerdings nicht nur ein philosophischer oder vorwiegend abgehobener Gedanke, sondern Realität. Klickt man im Internet beispielsweise auf Myspace die Seite von Nico Claux an, dann trifft man dort nicht nur einen Nekrophilen, sondern zugleich jemanden, der Leichen isst und zuletzt tatsächlich jemanden getötet hat, um an besseres und mehr Fleisch zum Verzehr zu kommen.

ALTE TABUS

Diejenigen, die meine kriminalbiologische Arbeit kennen, wissen, dass ich es liebe, zu zählen, zu überprüfen und, sollte es an-

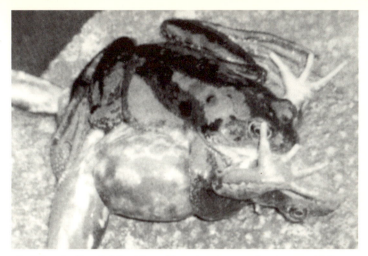

40. Lebender Frosch (oben) beim Versuch, mit einem bereits gasgeblähten toten Frosch (unten) sexuelle Handlungen auszuführen. Foto: Neil Thompson.

gemessen sein, gerne auch Tabus zu brechen. Geht es um Nekrophilie, versuche ich daher, an Kriminalfälle zu denken, die ich selbst kenne, anstatt einfach in Gesetze gegossene Mehrheitsmeinungen und moralische Werte zugrunde zu legen. Auch will ich der philosophischen Forderung gerne nachkommen und keine altmodische Moralvorstellung anwenden, nur weil sie eben vorhanden ist. Das wäre mir auch zu langweilig.

Stattdessen will ich einfach Folgendes fragen:

1. Wenn menschliche Leichen ohne Verwandte etwas sind, mit dem man so umgehen kann, wie man will, warum führen fast alle Kulturen immer noch Rituale (Einäschern, Verbrennen, Begraben) mit diesen Körpern durch, anstatt die Leichen einfach mit dem Müll zu entsorgen?

Die Furcht vor »Leichengift« kann nicht der Grund für die rituelle Bestattung sein. Ratten, Ameisen, Enten, Vögel, Grillen, Schweine und so weiter sind ja auch Leichen, die aber in der Tat im Müll entsorgt werden.

Es scheint daher kulturübergreifend so zu sein, dass eine menschliche Leiche, im Gegensatz zu den meisten tierischen, für Menschen mehr als nur Müll ist – und das, obwohl es beispielsweise viel billiger wäre, anonyme Leichen in Mülltonnen zu werfen. Doch selbst die werden bestattet.

2. Ärzte kennen die Schwierigkeiten, die sich aus dem Willen von Zeugen Jehovas ergeben, die jede Art von Blut ablehnen, das nicht aus ihrem eigenen Körper stammt. Diese strikte, allgemein bekannte Verfügung wird in vielen Ländern durch die launenhafte Interpretation zur Seite gewischt, dass, sobald ein Zeuge Jehovas bewusstlos ist, sich sein Wille ändern könnte, und dass er nun vielleicht doch zustimmen würde, fremdes Blut zu empfangen.

Das ist sicherlich nicht wahr, und unser gesunder Menschenverstand sowie der Respekt vor religiösen Überzeugungen sagen uns, dass diese Ärzte einfach versuchen, einen Ausweg aus dem Dilemma zu finden, in das sie ihr hippokratischer Eid bringt. Er zwingt sie, den Körper (aber nicht unbedingt die Seele) des Patienten zu retten – auch wenn der Patient gar nicht geheilt werden will.

Wenn dieses einfache Problem bereits endlose Diskussionen aufwirft, wie viel mehr Diskussionen würden entstehen, wenn die Frage gestellt würde, ob eine Person, die nun eine anonyme Leiche ist (ohne schriftliches Testament und ohne Verwandte), ihr Einverständnis für sexuelle Handlungen gegeben haben könnte?

Ich weiß, dass meine pro-nekrophile Kollegin nun erwidern wird, dass der unbekannte Wille einer vielleicht unbekannten Person einen nicht kümmern sollte. Ich meine aber trotzdem, dass das nicht vorhandene Testament einer nun toten Person aller Wahrscheinlichkeit nach wohl die Verwendung des Körpers für sexuelle Handlung nicht gutheißen würde. Die meisten Menschen lehnen ja sogar ab, dass die Organe aus ihrer eigenen Leiche dazu verwendet werden, das Leben anderer zu retten.

Kurz gesagt: Eine nun tote Person hatte einmal einen Willen. Das ist der große Unterschied zwischen einer menschlichen Leiche und einem Tisch (falls jemand Lust haben sollte, Sex mit einem Tisch zu haben): Der Tisch hatte niemals einen eigenen Willen.

Oder, kriminalistisch gesagt: Mutmaße nicht – wenn du aber Annahmen machen musst, dann tu es mit Verstand.

REALITÄTSVERBIEGUNG

Ein letztes Argument meines Gegenparts ist, dass andere Handlungen an der Leiche (Einbalsamieren, Verbrennen, Münzen in den Mund der Leiche legen) auch »unangenehme« Eingriffe sind. Doch bei derartigen Beerdigungsriten definiert die Gesellschaft, was »unangenehm« ist und nicht der Nekrophile. Wenn US-Amerikaner es beispielsweise gut finden, ihre Leichen dadurch »einzubalsamieren«, dass sie die toten Körper mit Formalin füllen, dann ist das eben so. Ich stimme zu, dass das unnatürlich und unangenehm ist. Allerdings bin ich in Zentraleuropa aufgewachsen, und dort sind Formalin-Begräbnisse nicht nur aus Umweltschutzgründen (Emissionsschutzgesetz) verboten, sondern man »will« hierzulande auch einfach keine Chemie im Körper der Leichen.

Was »unangenehm« ist und was nicht, entzieht sich dabei ohnehin jeder Logik. Deutsche lieben Schweinefleisch, das heißt sie essen Schweineleichen, teils sogar roh (»Metthappen«). In vielen Regionen mit muslimischer Kultur gilt das als widerlich. Andere Gesellschaften bestatten ihre Toten in Bäumen, mumifizieren sie, lassen sie von Aasgeiern fressen, werfen sie ins Meer und so weiter – jede dieser Methoden mag man »unangenehm« nennen, und viele von ihnen werden auch wirklich anhand von »unangenehmen« Mitteln wie Wattebäuschen, Nadeln, Haken, Vogelschnäbeln, Verbänden und so weiter durchgeführt.

Nun folgert meine Kollegin daraus, dass an Leichen sowieso unangenehme Eingriffe vorgenommen werden und deshalb sexueller Kontakt und das Einführen von Dingen in den Körper der Leiche legalisiert oder zumindest aus ethischer Sicht erlaubt werden müssten. Ich halte das für willkürlich und die Wahrheit verbiegend.

EMPFEHLUNG

Dies war ein persönlicher Kommentar, der keiner vorgegebenen moralischen oder ethischen Richtung folgt. Ich kann es durchaus akzeptieren, dass Gesetze, die Nekrophilie ausdrücklich verbieten, vielleicht nicht notwendig sind. Ich finde aber umgekehrt nicht, dass Nekrophilie ausdrücklich erlaubt werden muss. Es bedürfte tiefgreifender Kenntnisse über den jeweiligen Nekrophilen, um herauszufinden, was ihn antreibt: Sexuelle Vorstellungen, Liebe, Hass, Zufall oder einfach die sich bietende Möglichkeit zum Zugang zu einem Körper. Die Leiche ist meiner Meinung nach dabei gar nicht das Problem. Wir sollten uns, wenn überhaupt, mit den Charaktermerkmalen des einzelnen Nekrophilen beschäftigen.

Solange dieser Charakterfaktor nicht in der Gleichung vorkommt, sehe ich als forensischer Biologe, der mit Spuren, Opfern, Straftätern und Verwandten gleichermaßen zu tun hat, Nekrophilie als eine kaum untersuchte Wirklichkeit des Lebens (und des Todes) an, die zwar nicht unbedingt verboten werden, aber auch nicht derart profanisiert werden muss, dass sie zu einer gleichsam normalen Art von aufgeschlossenem Sexualverhalten wird.

Sexuelle Handlungen sind grundsätzlich immer annehmbar, wenn sie nicht nur in einer sicheren und gesunden Art und Weise ausgeführt werden, sondern auch in gegenseitigem Einverständnis. Das muss auch für Nekrophilie gelten. Ich zweifle sehr, wenn schon nicht am Einverständnis der Leiche (was ja das Argument der Pro-Nekrophilie-Fraktion ist), dann aber am Einverständnis der Gesellschaft, die in Leichen aus irgendeinem Grund eben doch Merkmale der einst lebenden Person sieht. Deshalb sollte man sich vielleicht besser auf Geschlechtsverkehr mit lebenden Personen konzentrieren, wenn man das kann. Es klappt vielleicht genauso gut wie Sex mit Toten – notfalls mit ein bisschen Fantasie.

Abgesehen davon schlage ich vor, den Artikel der Kollegin, versehen mit meinem Gegenkommentar, zu drucken.

- IG-GESAMTNOTE:
1. Was Tiere dürfen, müssen Menschen nicht nachmachen.
2. Ig-Nobelpreis für Biologie im Jahr 2003 an Kees Moeliker vom Naturkundemuseum Rotterdam für die erste Veröffentlichung zu homosexueller Nekrophilie bei Stockenten.

M. Benecke (2008), »Clandestine necrophilia: Probably legal, still a problem«. In: *Anil Aggrawal's Internet Journal of Forensic Medicine and Toxicology*, Bd.9, Nr.2 (Juli–Dezember 2008).

M. Mahner (2008), »Antwort auf: M. Benecke: ›Ein gruseliges, kniffeliges Problem‹«. Persönl. Mitteilung (E-Mail), 12.02.2008.

C. W. Moeliker (2001), »The first case of homosexual necrophilia in the mallard *Anas platyrhynchos* (Aves: Anatidae)«. In: *Deinsea*, Nr. 8, S. 243–247.

N. Thompson (2006), »Croaked it«. In: *Bizarre Magazine* (London), Nr. 112, S. 23.

SPRINGENDE FÜCHSE IM KRANKENHAUS

Die jüngeren Leser dieses Buches werden keinen Schimmer haben, worum es im Folgenden geht. Zur Erklärung: Bis vor wenigen Jahren wurden Rezepte noch vom Arzt selbst mit oft kratzeliger Klaue auf ein Zettelchen gekrickelt. Heute kommen die Medikamentenverschreibungen aus dem Drucker, sodass die Erscheinung, wenn überhaupt, nur noch alternden Lahntaler Landärzten bekannt ist.

Kein Wunder, dass die zahlreichen Studien zum Thema sich scheinbar widersprechen.

Im Jahr 1998 hatten Ronan Lyons, Christopher Payne, Michael McCabe und Colin Fielder aus Swansea (Wales) die bereits dritte Studie durchgeführt, um die weltweit verbreitete und durch Klagen von Kollegen bestätigte Aussage zu klären, ob Ärzte wirklich so schlecht schreiben, wie der Volksmund weltweit zu wissen meint.

Dazu baten sie 92 Kollegen vom Gesundheitsamt von Swansea und der Notaufnahme im Morriston Hospital sowie einer ebenfalls örtlichen HNO-Abteilung, alle Buchstaben des Alphabets und die Zahlen von null bis neun aufzuschreiben. Zur Vertuschung des wahren Anliegens behaupteten die Untersucher, dies diene zum Programmieren eines Leseprogramms für einen Computer. Daher sollten die Kollegen so ordentlich wie möglich schreiben.

Die ausgefüllten Bögen wurden dann auch wirklich mit einem Scanner eingelesen und die Ziffern und Buchstaben automatisch erkannt – so gut das angesichts der jeweiligen Klaue eben ging. Die Schreibenden wurden dabei einer von drei Grup-

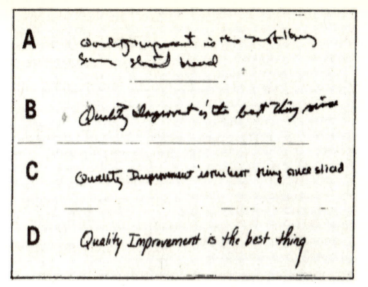

41. Bei Rückfragen wenden Sie sich bitte an Ihren Arzt oder Apotheker.
Von oben nach unten: »schlecht«, »brauchbar«, »gut« und »ausgezeichnet«.
Aus: Berwick 1996.

pen zugeordnet: Entweder gehörten sie zu den »Medizinern«, »Pflegern« oder »Verwaltungsleuten«.

Als Erstes fiel auf, dass die *Zahlen* in allen Gruppen stets lesbar waren. Das stand auch in Einklang mit früheren Studien, in denen sich gezeigt hatte, dass vor allem die Buchstaben vermurkst wurden. Und in der Tat, bei den Buchstaben »gab es einen sehr deutlichen Unterschied zwischen den Gruppen«, so die ärztlichen Kollegen. »Die Ärzte erzeugten im Vergleich zu den Verwaltungsleuten und den Pflegern mehr Lesefehler. Der Studie des Kollegen Berwick aus den USA können wir nicht folgen, weil er statt eines Leseprogramms Menschen einsetzte und auch keine Vergleichsgruppe wählte.«

Damit schien das Problem abgehakt. Doch die US-Amerikaner fühlten sich nun herausgefordert und legten an der Uniklinik in Kansas eine Untersuchung nach. Die dortigen Kollegen baten je zehn männliche und weibliche Buchhalter, Anwälte, Kfz-Mechaniker, Ärzte, Wissenschaftler, Bauarbeiter und Ingenieure (n^* gesamt = 140), zügig den Satz »the quick brown fox jumps over the lazy dog« zu schreiben. In dieser Sentenz kommen alle Buchstaben des Alphabets vor.

Nun wurde, statt wie im vorigen Versuch von einem Computer, von einem Menschen beurteilt, wie viele vergurkte Buchstaben sich in dem Set der braunen, springenden Füchse fanden. Vier zusätzliche Schiedsrichter bestimmten des Weiteren, ob die Sätze schlecht, brauchbar, gut oder ausgezeichnet geschrieben worden waren.

Obwohl sich alle Leser im Urteil über die Entzifferbarkeit einig waren ($p^* < 0,001$), stellte sich trotz der vielen Mühen doch nur heraus, dass allein die Ausbildungszeit und das Geschlecht das Schriftbild bestimmt hatten. Der Beruf spielte dabei keine Rolle. Im Schnitt waren 40 Prozent der von Männern geschriebenen Buchstaben unleserlich; bei Frauen waren es immerhin noch 20 gekritzelte Prozent.

»Wenn die Handschrift von Ärzten trotzdem manchmal schlechter scheint«, meinen die Forscher Donald Berwick und David Winickoff, »dann vielleicht, weil sie unter dauerndem Zeitdruck stehen. Zudem achten normale Menschen bei Ärzten viel stärker auf deren Handschrift, weil sie Angst haben, dass hier Lesefehler schlimmere Folgen nach sich ziehen als anderswo.«

Was tun? »Ehrlich gesagt«, finden Javier Rodriguez-Vera und Kollegen, »sollten wir Ärzte es einfach lassen und nicht mehr mit der Hand schreiben. Dann ist es auch egal, ob jemand die Schrift lesen kann oder nicht.«

Dieser Meinung schließen sich auch die Kollegen aus Kansas an. »Auch wenn Ärzte nicht krakeliger schreiben als die Allgemeinheit«, so das Team, »sollten sie doch versuchen, ihre Handschrift über die der übrigen Menschheit zu heben. Wenn das nicht klappt, dann darf eben alles vom Patienten-Eintrag bis zum Rezept nur noch über Computer laufen.«

• IG-GESAMTNOTE: Zack, so ist es dann auch gekommen.

Herausragend in der Schar der Untersuchungen zu diesem offenbar sehr heißen Thema das Paper* der Kollegen Schneider u.a. aus dem Jahr 2006. Denn das Problem war ja schon im Jahr 1979 eingekreist und wurde danach weiter intensiv in der ärztlichen Fachliteratur besprochen. Dreißig Jahre später hatte der Einsatz von Computern die Fehlerquelle behoben (oder auch nicht – wie viele Fehler gibt es seither beim Eintippen im Vergleich zu Lesefehlern bei Handschriften?).

Doch 2006 dann die wiederholte Überraschung, bewirkt durch den von allen anderen früheren Untersuchern vergessenen Vergleich mit anderen Berufsgruppen: »Die Leserlichkeit der Handschrift von Ärzten ist genauso gut oder schlecht wie die von jedem anderen.«

Eigentlich ist das so unterhaltsam, dass ich die Sache im Komitee doch noch einmal auf den Konferenztisch werfen werde. Da mir dort aber eh keiner zuhört, werde ich es einfach schriftlich einreichen – vielleicht sogar in Handschrift.

Anon (1979), »A study of physicians' handwriting as a time-waster«. In: *Journal of the American Medical Association*, Nr. 242, S. 2429f.

D. M. Berwick, D. E. Winickoff (1996), »The truth about doctors' handwriting: a prospective study«. In: *British Medical Journal*, Nr. 313, S. 1657–1658.

R. Lyons, Ch. Payne, M. McCabe, C. Fielder (1998), »Legibility of doctors' handwriting: quantitative comparative study«. In: *British Medical Journal*, Nr. 317, S. 863f.

K. A. Schneider, W. C. Murray, R. D. Shadduck, D. G. Meyers (2006), »Legibility of doctors' handwriting is as good (or bad) as everyone else's«. In: *Quality and Safety in Health Care*, Nr. 15, S. 445.

F. J. Rodriguez-Vera, Y. Marin, A. Sanchez, C. Borrachero, E. Pujol (2002), »Illegible handwriting in medical records«. In: *Journal of the Royal Society of Medicine*, Nr. 95, S. 545f.

JUCKMATRIX GEGEN FREIEN WILLEN

Eigentlich wollten die schwedischen Kollegen vom Karolinska-Institut (dort werden auch die Preisträger des echten Nobelpreises für Medizin ernannt) nur sehen, welche Gehirnbereiche genau anspringen, wenn es einen Menschen juckt. Heraus kam allerhand, darunter Verstörendes.

Die Forschergruppe um Martin Ingvar fragte sich schon seit Längerem, wie genau der Körper recht fein abgestimmt auf bestimmte Schmerzreize reagiert. Der Juckreiz ist ein recht milder »Schmerz«, der anstatt des sonst bekannten, sofortigen Wegziehens oder Weglaufens eben nur das Kratzen auslöst. »Der Sinn dabei«, so die Forscher aus Schweden, »ist ursprünglich, eine schädliche Substanz schnell zu entfernen. Das nützliche Verhalten ist im Verlauf der Entwicklung des Lebens erhalten geblieben. Allerdings war zunächst unbekannt, welche Nervenverschaltungen dem Juckreiz zugrunde liegen.«

Das änderte sich, als die Kollegen zehn Versuchspersonen (VP) nacheinander in eine PET-Röhre schoben (Positronen-Emissions-Tomographie: erzeugt Schnittbilder von Lebenden). Dort wurde ihnen sechsmal entweder eine harmlose Kochsalzlösung (20 Mikroliter) oder eine ebensolche Menge zwar harmloser, aber juckender Histamin*-Lösung (zehn Mikrogramm pro Milliliter) unter die Haut des Oberarmes gespritzt. Der Versuchsleiter wusste nicht, was er spritzte, damit er keinen Einfluss auf das Verhalten der Probanden nehmen konnte (sogenannte Verblindung).

Etwa zehn Sekunden nach der Probengabe wurde den VP zudem noch radioaktives [^{15}O]Butanol gespritzt, um dem PET die Messung der Hirnaktivität zu ermöglichen.

42. Wenn es juckt, dann hier. Grafik: Lisa Fuß (angelehnt an Hsieh 1994, Walter 2005, Gieler 2008). Foto: Mark Benecke

Alle Histamin-Gespritzten fühlten innerhalb einer halben Minute einen Juckreiz wie nach einem Mückenstich und den Drang, sich zu kratzen. Das durften sie aber nicht, denn man hatte ihnen gesagt, dass sie sich im PET nicht bewegen dürfen, um die Aufzeichnung nicht zu stören. Der Kopf war in einem Gestell festgeschraubt. Die VP durften noch nicht einmal die Augen öffnen, während sie ihre sechs Einspritzungen im Abstand von etwa zehn Minuten erhielten.

Auf dem Computerbildschirm konnte nach diesen Tests schnell dargestellt werden, welcher Gehirnbereich aufleuchtet, wenn es juckt: Es handelt sich um das Brodmann-Gebiet* 24, das zusammen mit dem verlängerten Mark des Hirnstammes zwei »Juckzentren« bildet. Genau dieses Areal 24 wird nun manchmal als Sitz des Willens angesehen, weil Störungen dort zu Antriebslosigkeit führen können. Zugleich wird dieses Gebiet angeregt,

43. Das Gehirn denkt mit. Hier ein Zahlen-Stroop-Test: Die Versuchsperson soll so schnell wie möglich entscheiden, welche Zahl größer geschrieben ist. Obwohl das sehr einfach ist, entscheidet man schneller und mit weniger Fehlern, wenn die Zifferngröße mit dem Wert der Zahl übereinstimmt. Abb. Benecke.

wenn man dem Probanden scheinbar widersprüchliche Aufgaben vorlegt (Stroop-Test*).

Spinnt man diesen derzeit unprüfbaren Faden weiter, so zeigt sich, dass der Gehirnbereich, der den Juckwunsch mit vermittelt, zugleich eine Rolle beim Abwägen und Antrieb spielt. Und genau das spielt auch bei der Überlegung, ob man sich nur Kratzen soll oder nicht, eine große Rolle.

Das Thema war mit dieser ersten Studie noch lange nicht erschöpfend behandelt. Denn es springen noch weitere Gehirnbereiche an, beispielsweise dann, wenn statt eines kurzen Juckreizes eine drei- bis vierminütige juckende Einwirkung erfolgt.

Eine Arbeitsgruppe an der Universität Gießen konnte beispielsweise zeigen, dass acht Bereiche im vorderen Hirn angeregt werden, wenn man Histamin spritzt. »Deutlich ist«, sagen die Kollegen Walter (u.a.), »dass die sogenannte Schmerzmatrix sich aus deutlich anderen Bereichen im Gehirn zusammensetzt als die von uns dargestellte Juckmatrix.«

Warum aber muss man so etwas Harmloses wie das Jucken bis ins Kleinste nachverfolgen? »Juckreiz ist keineswegs selten«, erklären Uwe Gieler, Facharzt für Psychosomatische Medizin, und Bertram Walter vom Bender Institute of Neuroimaging von der Universität Gießen. »Es stellt das häufigste Symptom dar, mit dem Hautärzte in ihrer Praxis konfrontiert werden.« Je mehr man also über die Nervenverschaltungen weiß, desto besser kann man den Patienten helfen.

Die Juckforschung ist übrigens einer der vielen, wenngleich wenig bekannten Forschungsbereiche, in denen deutschsprachige Forschungseinrichtungen Entscheidendes leisten. An den Universitäten Mannheim und Erlangen-Nürnberg wurde beispielsweise entdeckt, dass der Kratzwunsch über eigene Nervenfasern von der Haut ins Rückenmark und Gehirn gelangt. Sie heißen »polymodale C-Fasern« und stehen mit den Nerven in Verbindung, die Schmerzen melden. Die so entstehende Überlagerung der Juck- und Schmerzreize führt dazu, dass man den Juckreiz durch Kneifen oder andere Schmerzen austricksen kann: Schmerz hebt den Juckreiz auf.

»Juckreiz entsteht aber auch«, so Gieler und Walter, »wenn man sieht, wie andere sich kratzen. Es genügt sogar, nur ein Bild zu betrachten, das irgendwie mit Jucken in Zusammenhang steht, etwa Aufnahmen von Flöhen.« Der Grund dafür ist unbekannt, könnte aber wie beim Gähnen mit sogenannten Spiegelneuronen zusammenhängen. Diese Nerven schlagen beispielsweise an, wenn man jungen Affen die Zunge herausstreckt. Sie strecken dann ebenfalls die Zunge vor. Gleiches gilt beim Gähnen und vielleicht auch beim Einschätzen von Gefühlen anderer Menschen, die sich in deren Gesichtsspiel äußern.

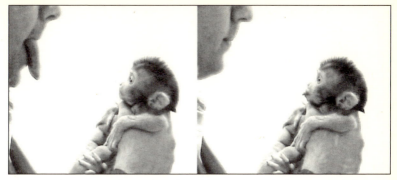

44. Spiegelneurone im Einsatz: Hier beim Zunge zeigen. Funktioniert auch beim Gähnen und Jucken... Abb. verändert nach Lisa Gross (2006).

Dass solche Nervenspiegelungen auch beim Kratzwunsch eine Rolle spielen könnten, sagt uns schon die Alltagserfahrung. Die Verquickung mit Gefühlen wird aber auch in der PET-Röhre bestätigt. »Überraschenderweise sind beim Juckreiz nicht die Gehirnregionen angeregt, die Sinnesreize verarbeiten oder Bewegungen steuern«, stellten die Gießener Forscher fest. »Stattdessen feuerten viele Bereiche, die vor allem für Gefühle zuständig sind.« Einer dieser Gefühle betonenden Bereiche ist der Gyrus cinguli*, der wiederum mit dem schon erwähnten Brodmann-Areal 24 überlappt.

Wegen dieser sehr harten, im Gehirn verankerten Verdrahtung ist es auch nicht möglich, den Juckreiz mit rein seelischen Beeinflussungen wegzutherapieren. Wer beispielsweise an Neurodermitis leidet, muss zu hemdsärmligeren Maßnahmen greifen: Gegen Histamin gerichtete Medikamente, Entspannungsübungen oder »kühle Duschen oder Bäder, vor allem mit Badezusätzen, die lindernde Stoffe enthalten«, so die Gießener Forscher. »Ebenso sollte man auf eine kühle Umgebung achten, vor allem nachts: Lüften Sie und tragen Sie – wenn überhaupt – nur lockere Schlafkleidung. Manchmal genügt das schon, um den Juckreiz auf ein erträgliches Maß zu senken.«

• IG-GESAMTNOTE: »Notfalls ausziehen« – das finde ich gut. Während des Schreibens dieses Artikels hat es mich unentwegt gejuckt, sogar unter der Fußsohle, auf der Schulter, den Wangen, in den Augenwinkeln und an weiteren Stellen, die mich normalerweise nicht im Geringsten interessieren. Wollen wir für die Kollegen im Karolinska-Institut und in Gießen hoffen, dass es ihnen nicht seit Jahren so geht.

Da die Darstellung der Juckmatrix im Gehirn noch weiter untersucht wird, bleibt die Sache zwar auf unserem ignoblen Schirm, juckte aber zumindest bei meiner letzten Einreichung noch niemanden. Das könnte sich aber in Sekundenbruchteilen ändern, wenn ich nur die richtigen Gehirnbereiche meiner Kollegen im Ausschuss anrege ...

K. Brodmann (1909), *Vergleichende Lokalisationslehre der Großhirnrinde. In ihren Principien dargestellt auf Grund des Zellenbaues.* Johann Ambrosius Barth, Leipzig.

U. Gieler, B. Walter (2008), »Schmerzes Bruder«. In: *Gehirn und Geist,* Nr. 4, S. 68–71.

L. Gross (2006), »Evolution of Neonatal Imitation«. In: *PLoS Biol* Nr. 4(9), S. e311.

J. C. Hsieh, O. Hagermark, M. Stahle-Backdahl, K. Ericson, L. Eriksson, S. Stone-Elander, M. Ingvar (1994), »Urge to scratch represented in the human cerebral cortex during itch«. In: *Journal of Neurophysiology,* Nr.72, S. 3004–3008.

B. Walter, M. N. Sadlo, J. Kupfer, V. Niemeier, B. Brosig, R. Stark, D. Vaitl, U. Gieler (2005), »Brain Activation by Histamine Prick Test-Induced Itch«. In: *Journal of Investigative Dermatology,* Nr. 125, S. 380–382.

J. E. Warren, D. A. Sauter, F. Eisner, J. Wiland, A. Dresner, R. J. S. Wise, S. Rosen, S. K. Scott (2006), »Positive emotions preferentially engage an auditory-motor ›mirror‹ system«. In: *The Journal of Neuroscience,* Nr. 26, S. 13067.

TEEKÜCHLEIN, TOILETTEN UND TV

Wie kann man denn *so* leben?«, fragen viele, wenn sie hören, dass ich noch nie ein Radio bzw. einen Fernseher besessen habe. Nun, vielleicht rettet meine Fernsehabscheu eines Tages das Leben eines Kindes.

Die Kollegen Carla DiScala, Martha Barthel und Robert Sege aus Chicago und Boston stellten bei der Durchsicht von Krankenakten aus den Jahren 1988 bis 1999 fest, dass Kinder oft von herabfallenden Fernsehgeräten verletzt werden. »Diese Verletzungen«, so die Kollegen, »sind keineswegs zu vernachlässigen. Erstens mussten die Kinder danach fast immer ins Krankenhaus, und zweitens starben von ihnen ebenso viele wie bei anderen stumpfen Verletzungen. Bedenkt man, dass die Kinder hier in den USA etwa vier Stunden pro Tag fernsehen, und dass fast jeder Haushalt mindestens einen Fernseher besitzt, dann erkennt man die Größe der Gefahr.«

Obwohl zum Glück immer mehr Menschen Flachbildschirme verwenden, ist die Gefahr noch lange nicht gebannt. Vor allem in einkommensschwächeren Haushalten und Hotels lungern und lauern noch zahllose Kathodenstrahlgeräte* der alten Schule. »Und genau die sind es, die so gefährlich sind«, erklären DiScale und ihre Kollegen, »denn der Schwerpunkt dieser Geräte liegt ganz vorne, am Schirm, und das bei einem Gewicht von im Schnitt 36 bis 80 Kilogramm.

Wir haben dazu einige Daten herausgesucht und festgestellt, dass durchschnittlich 9000 Notfälle pro Jahr alleine in den USA gezählt werden, weil Möbel umstürzen. Sechs Menschen lassen dabei ihr Leben.

Das Problem ist nicht neu. Schon 1988 wurde ermittelt, dass jährlich in den USA 31.754 Menschen aus allen Altersklassen in der Notaufnahme landen, weil sie von fallenden Fernsehern (die nicht als Möbel gelten, sondern eine eigene Gefahrenklasse darstellen) getroffen wurden. Und jedes Jahr stirbt ein Kind unter einem herabgestürzten TV-Gerät. Kinder sind besonders gefährdet, wenn sie versuchen, am Gerät irgendeine Einstellung zu verändern oder aus Spaß und Neugier zum Gerät emporkraxeln.

Obwohl nur ein halbes Prozent der Kleinkinder in der Notaufnahme Fernsehopfer sind, häuft sich aber nicht nur die Zahl der verletzten Kinder, sondern auch die Schwere der Schäden – vermutlich, weil die Bildschirme immer größer werden.

Wir können nur fordern, dass alle Familien, aber auch Schulen, Horte, Kindergärten und vergleichbare Einrichtungen diesem Problem mehr Aufmerksamkeit schenken und die Geräte besser sichern. Vielleicht könnten die Hersteller auch etwas tun und den Schwerpunkt weg vom vorderen Rand nach hinten verlagern. Das würde verhindern, dass die Geräte so schnell nach vorne umkippen und die Kinder unter sich begraben.«

Doch auch anderswo im Haushalt lauern Gefahren. Drei Kollegen aus England berichteten beispielsweise von eigentümlichen Wunden an den Händen ihrer Patienten. Auf die Ursache angesprochen, räumten sie ein, dass sie beim Einfrieren aneinander gepappte Lebensmittel mit Gewalt, hier mit scharfen Messern, voneinander trennen wollten. Eine Umfrage in den benachbarten Krankenhäusern ergab, dass diese »Hamburger-Verletzung« (so genannt wegen der tiefgefrorenen, platten Frikadellen, die oft für Hamburger verwendet werden) recht häufig vorkam. Zwei bis drei Patienten pro Jahr wurden meist mit Schnitten in den Fingern, in einem Drittel der Fälle aber auch der Handfläche, eingewiesen. Über die Hälfte der Hobbyköche hatte sich die Nerven durchtrennt, in 14 Prozent der Fälle mussten die Adern oder Sehnen wieder zusammengenäht werden.

45. Gefroren sind sie gefährlicher, als sie aussehen: Crumpets (Teeküchlein); hier im warmen und gebutterten, das heißt harmlosen Zustand. Foto: Wiki Commons.

»Obwohl Hamburgerfleisch in etwa der Hälfte aller Fälle zu den Schnitten führte«, so die ärztlichen Kollegen, »gab es auch viele Verletzungen, die durch das versuchte Zertrennen von Würstchen, Koteletts, Teekuchen (Crumpets) und alle möglichen andern Arten tiefgefrorenen Gebäcks und Teigs entstanden.

Wenn man bedenkt, dass wir sicher nicht alle Fälle erfasst haben, und wenn man weiter weiß, dass bis zu einem Fünftel aller verletzungsbedingten Arztbesuche wegen Handwunden erfolgt, kann man sich das Ausmaß des Problems vorstellen. Im Durchschnitt kann ein Mensch drei Wochen lang nicht arbeiten, nachdem seine Hand behandelt werden musste. Wenn die Nerven verletzt werden, sieht es noch schlechter aus; die Hand ist dann oft nie mehr so gut in Schuss wie vorher. Auch scheinbar harmlose Handverletzungen führen dazu, dass die Hand steif bleibt oder permanent wehtut.

Als Handchirurgen fordern wir daher, dass alle Tiefkühlwaren, die stapelweise Lebensmittel enthalten, mit einem großen Warnhinweis versehen werden. Außerdem könnte man den Kunden vielleicht durch eine Anleitung erklären, dass man Gefrorenes nicht mit dem Messer trennen darf.«

Wer nun so langsam Angst von seinem Zuhause hat, der kann aber zumindest in einer Sache beruhigt weiterleben: Die laut Rettungssanitäter-Latein angeblich hin und wieder explodierenden Toiletten gibt es nicht. Kollege Robert Slay aus Texas ging den betreffenden Berichten nach, entdeckte aber bloß die übliche Großstadtlegenden-Struktur: »Jedes Mal hieß es«, so Slay, »dass der Patient zwar in genau diesem Krankenhaus behandelt worden sei. Dabei gewesen war aber komischerweise nie jemand, jeder hatte es immer nur von jemand anderem gehört.«

Wie genau Toiletten explodieren? Meist hat die Familienmutter sich gerade die Haare mit Festiger eingesprüht und nicht gelüftet, als kurz darauf Papi mit einer Zeitung und einer Zigarette auf dem Klo verschwindet. Dass er dort Darmgase abgibt, wäre noch nicht schlimm, wenn Mutti nicht unerklärlicherweise einen letzten Stoß Haarspray in die Toilette gegeben hätte. Erst als Papi seine Fluppe ins Klo wirft, bricht das Inferno los… Wenn dann die Sanitäter kommen, müssen sie so sehr lachen, dass der bereits am Gesäß und Gemächt beschädigte Familienvater auch noch von der Trage purzelt. Dabei bricht er sich dann alle Knochen.

»Ich denke«, vermutet Slay, »dass es sich bei diesen Märchen um eine Art Stressventil handelt. In Wirklichkeit müssen sich die Notärzte und Rettungssanitäter die ganze Zeit um das Wohl ihrer Patienten sorgen. Es ist also besser, über erfundene Patienten zu lachen – zusammen lachen stärkt den Teamgeist. Außerdem fühlen sich alle Anwesenden viel gescheiter als die erfundenen Personen aus der Geschichte… zwei gute Gründe, warum es solche Märchen aus der Notaufnahme immer wieder geben wird.«

- IG-GESAMTNOTE: Ich sage nur *Nightmare on Elm Street**.
Während Getränkeautomaten nur für Soldaten tödlich sind
(siehe *Lachende Wissenschaft*, S. 29), sind Glotzen ungleich gefährlicher: Sie unterwandern erstens den Geist und zerstören
zweitens den Körper von Kindern. Bitte also Ihr TV-Gerät
beim nächsten Sperrmüll sicherheitshalber entsorgen. Genauso wie die Toilette, die Hamburger-Bratlinge ... und am
besten auch gleich die Küchenmesser. Man kann nie wissen!

C. DiScala, M. Barthel, R. Sege (2001), »Outcomes from television sets
toppling onto toddlers«. In: *Archives of Pediatrics and Adolescent Medicine*,
Nr. 155, S. 145–148.

R. D. Slay (1986), »The exploding toilet and other emergency room folk-
lore«. In: *Journal of Emergency Medicine*, Nr. 4, S. 411–414.

V. S. Jigjinni, J. Stevenson, A. F. S. Flemming (1997), »The beefburger injury:
a retrospective survey«. In: *British Medical Journal*, Nr. 315, S. 580.

WEITERFÜHRENDE LITERATUR

(Kleine Auswahl)

Krämer, Walter: Denkste! Trugschlüsse aus der Welt der Zahlen und des Zufalls, München 1998.

Randow, Gero von: Das Ziegenproblem, Reinbek b. Hamburg 2004.

Institution Zur Erforschung Total Interessanter Tatsachen (www.izetit.de)

VERÖFFENTLICHUNGEN DES AUTORS

(Auswahl)

1995: »Vom Schneck zum Schreck. Der Gruselautor Edgar Allan Poe schrieb zuerst ein wissenschaftliches Schneckenbuch«. In: *Die Zeit,* 10/1995, S. 28.

1995: »Verräterische Muster. Erbgutanalysen helfen Kriminalisten, Künstlern, Kuratoren und Kohlmeisenforschern«. In: *Die Zeit,* 20/1995, S. 43.

1995: »Was ist ein genetischer Fingerabdruck?«, In: *Die Zeit,* 20/1995, S. 43.

1996: »Ungewollte Strangulation durch ein Fahrzeug: Der Tod von Isadora Duncan«. In: *Rechtsmedizin,* 7, S. 28 f.

1997 (zus. mit S. Hasenbach/A. Kurtz/S. Meier/C. van Heumen/R. Zey): *Lexikon der Forscher und Erfinder.* Reinbek bei Hamburg: Rowohlt.

1998: *Der Traum vom ewigen Leben. Die Biomedizin entschlüsselt das Rätsel des Alterns.* München, Kindler.

1998: »Nie wieder nasse Bücher. Überflüssig aber nützlich: Unpatentierbare Chindogus machen die Welt schöner«. In: *taz,* 8.6.1998, S. 20.

1998: »Spinne im Salat. Insekten sind nahrhaft, eiweißreich und preisgünstig. Drei Kochbücher helfen bei ihrer Zubereitung«. In: *Die Zeit,* 44/1998, S. 53.

1999: *Kriminalbiologie.* Bergisch Gladbach, BLT.

1999: »Manche Tote leben länger. Lenins Leiche erzählt die Geschichte russischer Präparierkunst. Von ihr profitieren heute übel zugerichtete Mafiosi«. In: *Die Zeit,* 5/1999, S. 29.

2000: »Ein Gen namens I'm not dead yet (indy) (Alterungs-
gene). Der wissenschaftliche Kampf ums Ewige Leben,
noch einmal von vorne betrachtet«. In: *Süddeutsche Zeitung*,
297/2000, S. V2/11, 27.

2000: »Patente Unternehmer. US-Patentbehörde erteilt
Ideenschutz, ohne die Erfindungen zu prüfen«. In: *Skeptiker*,
1/2000, S. 40−41.

2001: »A Brief History of Forensic Entomology«. In: *Forensic
Science International*, 120, S. 2−14.

2001: »Bigfoot auf Asiatisch. Wie zottelige Affenmänner
immer wieder auferstehen und zuletzt in Indien gar eine
Massenhysterie auslösten«. In: *Süddeutsche Zeitung*, 144/2001,
Seite V2/11.

2001: »Das sind keine Sachen, das sind Menschen. Professio-
nelle Distanz ist für Kriminalbiologen eine zwingende Not-
wendigkeit. Bei den Gerichtsmedizinern von Manhattan
bricht dieser Abwehrmechanismus zusammen«. In: *Frankfurter Allgemeine Sonntagszeitung*, 21.10.2001, S. 65.

2001: »Endlich Ruhe im Sarkophag. Das Ende des Pharaonen-
fluchs: Schimmelpilz oder Aberglaube, das ist hier die einzige Frage«. In: *Süddeutsche Zeitung*, 213/2001, *SZ am Wochen-
ende*, Seite III.

2001: »Geheimnisvolles Leben im Rechner. Auch Computer sind Lebensräume: Skizze eines unbekannten Zweigs
der Bioinformatik«. In: *Frankfurter Allgemeine Sonntagszeitung*,
47/2001, S. 66.

2001: »Geliebte mit hunderttausend Volt. Die wachsende
Gemeinde der Mastfreunde preist die tragisch verkannte
Schönheit von Überlandkabelträgern«. In: *Die Zeit*, 29/2001,
S. 30.

2001: »Scientific Dining: FBI Academy's Dining Hall, Quanti-
co, Virginia«. In: *Annals of Improbable Research*, 7(4), S. 19−21.

2001: »Spontane menschliche Selbstentzündung. Ein Krimi-
nalbiologe auf heißer Spur«. In: *Skeptiker*, 13, S. 216−219.

2001: »Verfängliche Linien. In den USA ist ein bizarrer Streit über die Beweiskraft des Fingerabdrucks entbrannt«. In: *Süddeutsche Zeitung*, 11.9.2001, S. V2/10.

2001 (zus. mit F. Fehling): »Künstliche Intelligenz: Sieh mich, hör mich, fühl mich – und schalt mich aus!« In: *Süddeutsche Zeitung*, 198/2001, S. 19.

2002: »Kaspar Hausers Spur führt wieder ins Fürstenhaus. Neue genetische Untersuchung stärkt die Theorie, dass das berühmte Findelkind doch dem Hause Baden entstammte«. In: *Süddeutsche Zeitung*, 194/2002, S. 10.

2002: *Der Traum vom ewigen Leben. Die Biomedizin entschlüsselt das Rätsel des Alterns.* Leipzig, Reclam.

2002: *Mordmethoden. Ermittlungen des bekanntesten Kriminalbiologen der Welt.* Bergisch Gladbach, Lübbe.

2002: »Wunder des Insektenflugs: Nicht nur zum Fliegen sind sie da«. In: *Frankfurter Allgemeine Sonntagszeitung*, 24./25.6.2002, S. 67.

2002 (zus. mit M. Moser, M. Trepkes, N. Spauschus): »Milzbrand-Briefe – eine neue Waffe des Terrorismus?« In: *Kriminalistik*, 56, S. 112-116.

2003: »So blaue Augen. Die Niederlande erlauben eine neue Form von Verbrecherjagd mit DNS-Spuren«. In: *Süddeutsche Zeitung*, 58/2003, S. V2/9.

2004: »Das Blutwunder von Neapel«. In: *Skeptiker*, 3/2004, S. 114–117.

2004: »Das geht unter die Haut. Der Insektenwahn hat manchmal eine ganz natürliche Erklärung: Springschwänze«. In: *Die Zeit*, 40/2004, S. 46.

2004: »Schabenfreude. Fauchschaben als Haustiere«. In: *SZ Magazin der Süddeutschen Zeitung*, 26/2004, S. 33.

2004: »Selige DNA-Analyse. Rechtsmediziner überprüfen ein christliches Wunder«. In: *Süddeutsche Zeitung*, 33/2004, S. 9.

2004: »The Nose of Tycho Brahe«. In: *Annals of Improbable Research* (AIR), Bd. 10, Juli/August 2004, S. 6f.

2004 (zus. mit K. Greiner): »Sticht! Mücken-Quartett. Ein Insekten-Kartenspiel«. In: *Neon*, 8/2004, S. 106 f.

2005: Vorwort zu *Medical Detectives*. Köln, vgs.

2005: *Lachende Wissenschaft. Aus den Geheimarchiven des Spaß-Nobelpreises*. Bergisch Gladbach, Lübbe.

2006: Schwerpunktartikel »Genetischer Fingerabdruck«. In: *Der Große Brockhaus*, Leipzig, F. A. Brockhaus.

2007: *Mordspuren. Neue spektakuläre Kriminalfälle – erzählt vom bekanntesten Kriminalbiologen der Welt*. Bergisch Gladbach, Lübbe.

2007: »Biologische und andere Mikrospuren«. In: Hugemann, W. (Hrsg.), *Unfallrekonstruktion*, Bd. 1, S. 47–54.

2007: »Erfahrungen mit Fauchschaben als Lehrmittel«. In: *Praxis der Naturwissenschaften: Biologie*, S. 44–48.

2007: »Fäulnis, Insekten«. In: Saternus, K.-S./Madea, B. (Hrsg.): *Gerichtliche Obduktion. Umgang mit dem toten Menschen und gerichtliche Obduktionstechnik*. Lübeck, Schmidt-Römhild, S. 62–65.

GLOSSAR

Jean Anthelme Brillat-Savarin (1755–1826), Anwalt und Politiker in Paris, der sich aber auch als Feinschmecker einen Namen machte. Zwei Monate vor seinem Tod erschien sein Buch *Physiologie du goût, ou méditations de gastronomie transcendante; ouvrage théorique, historique et à l'ordre du jour, dédié aux gastronomes parisiens, par un professeur, membre de plusieurs sociétés littéraires et savantes.* Durch seine Werke glauben bis heute viele Menschen unrichtigerweise, dass der Verzicht auf Zucker und weißes Mehl nutzbringend sei.

Brodmann-Gebiet: Das Großhirn lässt sich landkartenartig aufteilen. Der deutsche Nervenarzt Korbinian Brodmann (1868–1918) erfand diese Einteilung; daher wurden die Gebiete nach ihm benannt.

Cyprini: Karpfen (zool.)

DFG: Deutsche Forschungsgemeinschaft. Größter, allerdings auch sehr strukturkonservativer und bürokratischer Vermittler von öffentlichen Geldern an Forscher und Forschungseinrichtungen.

Endokarp: innerste Schicht der Fruchtwand.

Gaußverteilung: Normalverteilung, die bei gezeichneter Darstellung die Form einer Glocke aufweist (siehe *Lachende Wissenschaft*, S. 16: Verteilung von Sexualpartnern).

Gyrus cinguli. »Gürtelwindung« genannte Hirnregion, in der auch das Brodmann-Areal 24 liegt.

Histamin: Ein körpereigener Stoff (biogenes Amin), den man in Menschen, Pflanzen, Bakterien und sogar im Mutterkornpilz findet. Bei Menschen spielt Histamin eine entscheidende Rolle bei allergischen Reaktionen.

Kathodenstrahlgerät: In Großmutters Fernseher (»Ferntonkino«) entsteht das Bild auf der Glasscheibe (Mattscheibe, Anode) durch einen Elektronenstrahl. Die Elektronen stammen aus einer Kathode am anderen Ende des Fernsehers.

multizentrisch: Die Forschung findet in mehreren Städten statt, um örtliche Zufallseinflüsse (Klima, Gewohnheiten der jeweiligen Forscher usw.) auszuschalten und um eine höhere Anzahl von Proben zu erhalten.

n: Anzahl (von engl. »number«)

Nature: Eine der beiden wichtigsten naturwissenschaftlichen Fachzeitschriften

Nerd: Mensch mit Spezialkenntnissen und -interessen. Diese erlauben es ihm, ohne die Hilfe anderer auszukommen, lassen ihn aber zugleich manchmal sozial vereinsamt erscheinen.

Nightmare on Elm Street: Im dritten Teil der Horrorfilmserie tötet der Bösewicht eine Jugendliche, indem er ihren an der Wand über Kopfhöhe montierten Fernseher mit Armen versieht und das Opfer kopfüber in die zersplitternde Mattscheibe zieht. Die Szene machte Filmgeschichte.

Östrus: Fruchtbarste Zeit bei Frauen, die keine hormonellen Verhütungsmittel verwenden.

p: Der p-Wert (von engl. „probability" / Wahrscheinlichkeit) gibt an, wie treffsicher die ermittelten Ergebnisse sind. Je niedriger er ist, desto besser.

Paper in den Wissenschaften: Soziolekt für »von Kollegen als brauchbar beurteilte Veröffentlichung«.

Referee: Fachkollege und Gutachter, der entscheidet, ob ein Artikel in einer wissenschaftlichen Zeitschrift veröffentlicht wird.

Reviewer: Kollegen, möglichst aus demselben Fachgebiet, die einen Forschungsantrag oder eine zur Veröffentlichung in einer Fachzeitschrift eingereichte Forschungsarbeit begutachten.

Scheherazade rettete ihr Leben, indem sie ihrem Gatten tausend und eine Geschichte erzählte. Danach war der Sultan erstens gut unterhalten und glaubte zweitens endlich an ihre Treue zu ihm.

Stichprobe: Es ist sinnlos, eine nur kleine Anzahl von Beobachtungen auszuwerten, weil dann zufällige Erfolge oder Misserfolge die Auswertung verfälschen. (»Oma hat geraucht wie ein Schlot, ist aber 100 Jahre alt geworden.«) Deshalb unterscheidet man streng zwischen »Einzelfällen« bzw. »Anekdoten« und einer langen, planmäßigen Versuchsreihe mit vielen Wiederholungen, genauer Fragestellung und festgelegtem Versuchsaufbau.

Storchproblem: In Dörfern mit mehr Störchen gibt es mehr Babys. Die Störche bringen aber keine Babys – es muss also einen anderen Zusammenhang zwischen den wahren Beobachtungen (Anzahl Störche und Babys) geben. (Vgl. *Lachende Wissenschaft*, S. 35)

Stroop-Test: Benannt nach dem Psychologen John Stroop (veröffentlicht 1935); zuvor schon von deutschen Psychologen angesprochen. Beispiel für den Stroop-Effekt: Das Wort »grün« wird schneller gelesen (also schneller vom Gehirn verarbeitet), wenn es mit grüner Farbe gedruckt ist. Ist das Wort »grün« hingegen rot, orange, blau, gelb (und so weiter) gedruckt, dauert das Lesen wesentlich länger: Das Gehirn muss sich mehr anstrengen.

TA: Technische Angestellte; durch Zwangsverbindung aneinandergekettete, ewige Mit- oder Widerstreiterin des Forschers im Labor; unter Ärzten öfters auch spätere Gattin des Chefs.

verblindet: hier: Die Patienten und Forscher wissen nicht (genau), wonach in der Studie gesucht und gefragt wird und können daher auch nicht bewusst oder unbewusst pfuschen.

REGISTER

Abrahams, Marc 107, 152
Abszess 204
Affektion 111
Alkohol 79–87, 143–147
Allylmercaptan 57
Allylmethylsulfid 57
Alter 27–37
Anagramm 93–98
Anandamid 74f.
Anorexie 138
Antarktis 163–166
Archimedes 97
Armstrong, Myrna 15
Aroma 77
Asteroiden 103f.
Attraktiviät 148f., 152–157
   Attraktivitäts-Stereotyp 155, 157
Audoly, Basile 19f.
Aufmerksamkeit 155–157, 185f.,
   203
AVPR1a (Gen) 106f.

Bach, Johann Sebastian 42f., 46
Bakterien 179f., 205–207
Barnes, Piers 128, 131–134
Barthel, Martha 235
Baseball 172f., 175
Bearman, Peter 89
Beethoven, Ludwig van 43
Beta-Blocker 95f.
Beuckmann, Carsten 188f.
Bier 188–191
Binik, Yitzhak 100
Blinzlen 128–130, 132

Block, Jack 87
Blutdruck 95
Blutzucker 142
Body-Mass-Index 139
Brehm, Alfred 48, 115–127
Brillat-Savarin, Jean Anthelme 72,
   78
Brodmann-Gebiet 230, 233
Brothie, Heather 72
Bruchstellen 19–23
Brückner, Hannah 89
Buchstaben 171–177, 224–226
Bulemie 138
Bullrichsalz 57f., 61
Burn-out 47
Byrne, Don 95, 98

Campbell-Falck, Darilyn 59
Canabis 74
Chabris, Christopher 183, 186
change/inattentional blindness (*siehe
   auch* Gelegenheitsblindheit) 183
Charakter *siehe* Persönlichkeitsmerk-
   male
Chase, Ava 42–47
Cholera 59
Counsilman, Jim 50
Crumpets (Teeküchlein) 235, 237
Cussler, Ed 50–52, 54f.

Dachshund 119f.
Denzler, Markus 143
Depression 76
DiScala, Carla 235

249

DNA 27, 105
Doggen 116, 120 f., 127
Dopamin 106 f., 196
Drogen(-konsum) 15
Dunbar, Robin 28, 30, 34, 36
Dunbar-Zahl 36

Eicosansäure 40
Einparken 208–213
Eisensulfid (siehe auch Katzengold)
    93
Elefanten 113
Ellring, J.-Heinrich 66
Emotionalität/Emotionen (siehe auch
    Gefühle) 109 f.
Energie(-quelle) 77
Erdbeben 22
Evolutionsbiologie 154 f.
Extraversion 111

Falten 27
Fernseher 235 f., 239
Fett 73, 77
Fielder, Colin 224
Fische (siehe auch Karpfen) 38–49,
    118
Fisher, Len 131
Fliegen (Kleidungsstück) 179–182
Flüssigkeit, viskose 162, 165
Flüssigkeitsdynamik 158–160
Förster, Jens 143
Fotos 128–133
Franke, Helmut 188 f.
Friedman, Ronald 143
Fruchtsaft 136
Füchse 224, 226

Gasspektrokospie/Massenspektro-
    kospie (GC/MS) 57, 75
Gaußverteilung 130
Gefühle 42, 67, 70, 109
Gehör 168 f.
Geier 163, 219

Gelegenheitsblindheit 184, 186
Geruch 77
Geschlechtskrankheiten 85–87,
    89–91
Geschlechtsverkehr (siehe auch
    Sex) 88–90, 193, 223
    – vorehelicher 24
Gettelfinger, Brian 52
Gieler, Uwe 232
Glamoureffekt 157
Goldfische 46
Gonorrhoe 86
Gorillas 54, 183–186
Guarbohnen/Guarkernmehl 50, 52,
    54
Gynäkologen 179–182
Gyrus cinguli 233

Habituation, propriozeptive neuro-
    nale 62, 64
Hagen-Poiseuille-Gesetz 160
Hamburger-Verletzung 236
Händel, Georg Friedrich 43
Hervonen, Antti 79
Hexadecansäure 40
Histamin 229 f., 232 f.
Hooker, John Lee 42 f.
Hormonspiegel 142
Hoyle, Rebecca 208, 210 f., 213
Hühner 41
Hühnerhund 120 f.
Humor 31
Hunde 48, 111–127
Hunger 138, 140, 142
Huygens, Christian 51
Hydrophon 38
Hypothalamus 42

Ingvar, Martin 229
Initialen (siehe auch Buchstaben) 171,
    173–177
Intellekt/Offenheit 111
Intelligenz 157

250

Jaatinen, Pia 79
Jordan, Brent 198
Juckreiz 229–234
Junfrauenschwur 85, 88–91

Käfer 118
Kakao 72, 74
Karpfen 38–40, 42–45
Kartoffelchips 168–170
Katzen 115, 120
Katzengold 93 f., 97
Keime 50, 182
Kiianmaa, Kalervo 79
Kinesthetische Reize 64
Kirchhoffgleichungen 20
Klein, Markus 148, 153
Knoblauch 57 f., 61
Koch, Jerome 15–17
Kochsalzlösung 58–60
Koffein 73
Kohlenhydrate 73, 75 f.
Koi (siehe auch Karpfen) 42–45,
  47
Kokosnuss(-wasser) 57–61
Kontaktanzeigen 28–31, 33,
  35–37
Körpergewicht 138, 142
Kraken 48
Krawatten 179–182
Kühe 41, 103
Kurzzeitgedächtnis 185

Lapdance (siehe auch Tanzen) 198 f.,
  202–207
Leike, Arndt 188
Liebe 192–196
Linolensäuren 40
Lipnicki, Darren 94 f.
Liss, Birgit 110, 150
Locus caeruleus 95 f.
Lotto 103 f.
Löwen 113, 116
Lyons, Ronan 224

Machizawa, Maro 185
Macht, Michael 66
Magnesium 77
Mahners, Martin 215
Mandelkern (Amygdala) 42
Marois, René 185
McCabe, Michael 224
McCarthy, Denis 143
Menstruation 198–203
Messer 236–239
Meteoriten 103
Metzgerhund 119–121
Meyer-Rochow, Benno 158–167
Miller, Geoffrey 31, 198, 200
Moeliker, Kees 223
Mops 119, 127
Mozart, Wolfgang Amadeus 38–40,
  42 f.
Mücken 135
Mundgeruch 57
Musik 38–49

Nadolol 95
Name-Letter-Effect 171
NASA 103
Nasen 63 f., 168
Natriumhydrogenkarbonat (siehe
  auch Bullrichsalz) 57
Nekrophilie 214–219, 222 f.
Nelson, Leif 171, 173 f.
Nervenbotenstoffe 38
Neukirch, Sébastien 19 f.
Neurodermitis 234
Neurotizismus 111
Newton, Isaac 51
Noradrenalin 95
Nuttin, Jozef 171, 175

O'Corrain, Donnchadh 97
Opik, Lembit 104
Owen, Donna 15

Paiyne, Kimberley 100

Panther 116
Parker, Gordon 72, 77
Parker, Isabella 72
Partnermarkt/Partnerwahl 28–30,
  156
Pawłowski, Bogusław 28, 30, 34, 36
Payne, Christopher 224
Persönlichkeitsmerkmale 111, 114 f.,
  143, 155–157
Phenylethylamin 73
Piercing 24, 25
Pinguin(-kot) 158–166
Positronen-Emissions-Tomografie
  76
Proell, Duane 52
Propranolol 95
Pudel 119–126

Ratten 66, 79–82, 87, 217
Rechtsanwälte 176
Reisfinken 46
Resonanz-Katastrophe 22
Rhesusaffen 136 f.
Riikonen, Jarno 79
Roberts, Alden 15
Roberts, James 204
Rocher, Jonathan de 55
Rodriguez-Vera, Javier 226
Rosar, Ulrich 148, 153
Roth, Sonja 66

Sarviharju, Maija 79
Sauerstoff 97
Schadstoffe 50
Schall(-wellen) 41, 43
Scheherazade(-Effekt) 27, 29
Schlangen 54
Schmerz(-matrix) 229, 232
Schneider, K. A. 227
Schokolade 66–70, 72–78
Schönberg, Arnold 46
Schönheit(-sideale) 140–142
Schoßtanz *siehe* Lapdance

Schubert, Franz 43
Schulranzen 62, 64
Schwefelsäure 93
Schwefelwasserstoff 57
Schweine 41, 217
Schwimmen/Schwimmer 50–55, 122
Schwingung(en) 20, 22
Sege, Robert 235
Selbstbewusstsein 156
Selektion, intrasexuelle 154
Serotonin 75 f., 194, 196
Sex 15, 25, 85 f., 88–90, 99, 143 f.,
  146 f., 194, 196, 214 f., 217–219,
  222 f.
Shedler, Jonathan 87
Simmons, Joseph 171, 173 f.
Simons, Daniel 183, 186
Sinclair, David 79, 81 f.
Singlebörse (*siehe auch* Partnermarkt/
  Partnerwahl) 28
Slay, Robert 238
Spaghetti 19–23
Spechte 135
Spence, Charles 169
Spendierfreude 105–107
Spiegelneurone 232 f.
Spitz 119 f.
Spitzenrotation 63
Stimmung(-sschwankung, -sände-
  rung) 68 f., 72–76, 78
Stoffwechsel 142
Storchproblem 16, 25, 79, 85, 91
Stress 41, 67, 80
Stresssubstanzen 40
Strikeout 175, 177
Stroop-Test 231
Suarez, Fabrizis 58
Suppe 101 f.
Svenson, Nic 128, 132–135
Swami, Viren 138

Tanzen/Tänzerinnen (*siehe auch*
  Lapdance) 198–203

Tätowierung/Tattoo 15–17, 24, 25, 91
Tauben 46
Taylor, Koko 43
Theobromin 73
Todd, Jay 185
Toiletten 235, 238 f.
Tomaso, Emmanuelle di 74 f.
Tovée, Martin 138, 142
Trinken (*siehe auch* Alkohol) 143
Trinkgeld (*siehe auch* Spendier-freude) 198, 202, 204
Tripper 86 f., 89
Tryptophan 75 f.
Tumoren 81 f.
Tybur, Joshua 198
Tyramin 73

Unterbewusstsein 172, 177

Vasopressin-Rezeptor-Anatgo-nist 106
Verhalten(-sforschung) 28, 30, 155

Verlieben/Verliebtsein *siehe* Liebe
Vivaldi, Antonio 43 f., 46
Vögel 120 f.
Vogel, Edward 185, 217
Vorhaut(-beschneidung) 99 f.

Walter, Bertram 232
Washburn-Formel 131
Wasser 41–43, 50, 52–54, 80–82, 120, 122
Wasserstoffperoxid 58
Waters, Muddy 43
Wellen(bewegungen) 19, 21 f.
Williamson II., Sonny Boy 43
Wind 22
Windhund 120
Wiseman, Richard 183
Würmer 118

Zahlen (Ziffern) 224 f.
Zampini, Massimiliano 169
Zitronen 188 f.
Zucker 66, 77
Zwanghaftigkeit 193 f.

Muss Wissenschaft denn langweilig sein?

Mark Benecke
LACHENDE WISSENSCHAFT
Aus den Geheimarchiven des
Spaß-Nobelpreises
Sachbuch
240 Seiten
ISBN 978-3-404-60556-9

Wissen Sie, warum schnarchende Studentinnen schlechtere Klausuren schreiben? Humor nicht erblich ist? Getränkeautomaten eine tödliche Gefahr darstellen? Nachtisch gegen studentisches Lärmen in der Mensa hilft? Lassen Sie sich von Dipl.-Biol. Dr. rer. medic. Mark Benecke in die erstaunliche, lustige und lehrreiche Welt der Wissenschaft entführen.

Ein Buch, das zum Nachdenken und zum Lachen animiert.

Bastei Lübbe Taschenbuch

»Kommissar Schmeißfliege wieder im Einsatz!«

stern

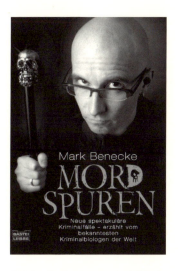

Mark Benecke
MORDSPUREN
Neue spektakuläre
Kriminalfälle – erzählt vom
bekanntesten Kriminal-
biologen der Welt
Sachbuch
496 Seiten
Mit zahlreichen Abbildungen
ISBN 978-3-404-60618-4

Seine Assistenten sind Maden, Larven und Insekten. Mit ihrer Hilfe kann Mark Benecke Todesumstände von Verbrechensopfern exakt nachweisen. Bis zum Täter ist es dann oft nur noch ein kleiner Schritt.

In diesem Buch präsentiert er eine spektakuläre Sammlung von Mordfällen, bei denen die Öffentlichkeit den Atem anhielt. Er rekonstruiert Kapitalverbrechen, trägt Fakten, Indizien und frühere Bewertungen zusammen und bringt mit neuen Informationen Licht in die vertrackten Fälle. Die realen Verbrechen sind so fesselnd und minutiös nacherzählt – eine Mischung aus Information und Unterhaltung, die spannender ist als jeder Krimi!

Bastei Lübbe Taschenbuch

Werden Sie Teil
der Bastei Lübbe Familie

Lernen Sie Autoren, Verlagsmitarbeiter und andere Leser/innen kennen

Lesen, hören und rezensieren Sie unter www.lesejury.de Bücher und Hörbücher noch vor Erscheinen

Nehmen Sie an exklusiven Verlosungen teil und gewinnen Sie Buchpakete, signierte Exemplare oder ein Meet & Greet mit unseren Autoren

Willkommen in unserer Welt:
www.lesejury.de